MICHAEL COLLINS PIPER

LA NUEVA JERUSALÉN

EL PODER SIONISTA EN AMÉRICA

Un estudio en profundidad, meticulosamente investigado y repleto de datos sobre la enorme riqueza y poder acumulados por la élite sionista en los Estados Unidos de hoy.

MICHAEL COLLINS PIPER

Michael Collins Piper fue un escritor político y presentador de radio estadounidense. Nació en 1960 en Pensilvania, Estados Unidos. Fue colaborador habitual de *The Spotlight* y su sucesor, *American Free Press*, periódicos apoyados por Willis Carto. Falleció en 2015 en Coeur d'Alene, Idaho, Estados Unidos.

La Nueva Jerusalén - El poder sionista en Estados Unidos
Un estudio en profundidad, meticulosamente investigado y repleto de datos sobre la enorme riqueza y poder acumulados por la élite sionista en los Estados Unidos de hoy.

The New Jerusalem – Zionist Power in America
The first-ever in-depth, thoroughly documented, fact-filled study of the vast array of wealth and power accumulated by the Zionist elite in the United States today

Primera edición en Estados Unidos: junio de 2004 American Free Press

Traducido y publicado por
Omnia Veritas Limited

OMNIA VERITAS.
www.omnia-veritas.com

© Omnia Veritas Ltd - 2025

Reservados todos los derechos. Ninguna parte de esta publicación puede ser reproducida, distribuida o transmitida en forma alguna ni por ningún medio, incluidos el fotocopiado, la grabación u otros medios electrónicos o mecánicos, sin el permiso previo por escrito del editor, salvo breves citas en reseñas críticas y otros usos no comerciales permitidos por la legislación sobre derechos de autor.

PRÓLOGO **19**
   ¿Israel o Estados Unidos?.. 19
INTRODUCCIÓN **22**
   Semitas y antisemitas - El conflicto de los siglos 22
LA "NUEVA ÉLITE" AMERICANA **30**
   Una visión franca y comprensiva de este tema tan difícil 30
CORRUPCIÓN A LA AMERICANA **50**
   Enron - La poco publicitada (pero muy importante) conexión
   sionista 50
EL CASO INSLAW: **57**
   Control sionista de los tribunales y del Departamento de
   Justicia de EE.UU. 57
LA BANDA BRONFMAN **67**
   La familia real de los judíos estadounidenses Sam y Edgar
   Bronfman: padrinos de Al Capone y John McCain 67
DOS GIGANTES DE LOS MEDIOS DE COMUNICACIÓN **79**
   Los imperios Meyer-Graham y Newhouse 79
      EL IMPERIO MEYER-GRAHAM... .... *80*
      EL IMPERIO NEWHOUSE... .... *86*
      PERIÓDICOS NEWHOUSE: *90*
LAS FAMILIAS JUDÍAS MÁS RICAS Y PODEROSAS DE ESTADOS
UNIDOS **93**
   Los que reinan 93
¿QUIÉN ESTÁ DETRÁS DE TRUMP?..**125**
   La extraña historia de Donald 125
DATOS Y CIFRAS CLAROS Y PRECISOS: **130**
   El poder sionista en América hoy - según fuentes judías 130
      Una nota introductoria... .... *130*
      LOS FINANCIEROS JUDÍOS SE BENEFICIARON DE REAGAN..... *131*
      UN MATRIMONIO DE CONVENIENCIA *131*
      FINANCIEROS JUDÍOS Y BONOS BASURA *132*
      PRÁCTICAMENTE TODOS LOS ESPECIALISTAS EN
      ADQUISICIONES *133*
      BEDUINOS EN AVIONES A REACCIÓN *134*
      CALIFORNIA, ALLÁ VAN... .... *134*
      MEDIOS DE COMUNICACIÓN: UNA INFLUENCIA
      DESPROPORCIONADA *134*
      EL VERDADERO PODER EN HOLLYWOOD *135*
      LA NUEVA INVASIÓN DE LA INMIGRACIÓN JUDÍA *135*
      LOS ISRAELÍES ENCUENTRAN UNA NUEVA "TIERRA DE LECHE Y
      MIEL *136*
      EL VALLE DEL SILICIO: LA NUEVA TIERRA PROMETIDA........... *137*
      FINANZAS JUDÍAS: "UN SABOR INTERNACIONAL *137*
      ARTE: "UN FUERTE SABOR JUDÍO *138*

MI HIJO, EL.... 138
HABITANTES DE LA CIUDAD... 140
LOS MEJOR EDUCADOS 140
LOS MAESTROS JUDÍOS "SUPERAN CON CRECES" A LOS GENTILES.. 141
UNA CUARTA PARTE DE LOS ESTADOUNIDENSES MÁS RICOS Y EL 30% DE LOS MULTIMILLONARIOS SON JUDÍOS. 142
EL SECTOR INMOBILIARIO, PRINCIPAL FUENTE DE RIQUEZA PARA LOS JUDÍOS... 143
MULTIMILLONARIOS INMOBILIARIOS... 144
LOS JUDÍOS REPRESENTAN MÁS DEL 11% DE LA ÉLITE ESTADOUNIDENSE 145
LOS JUDÍOS "CREARON LA LLAMADA MAFIA 145
VIOLENCIA Y SEXO EN LA TELEVISIÓN BAJO LA ÉGIDA DE LOS JUDÍOS 146
EL PAPEL DOMINANTE DE LOS JUDÍOS EN LA "NUEVA CULTURA DE IZQUIERDAS 146
EL MOVIMIENTO FEMINISTA... 147
LOS JUDÍOS DE WALL STREET "SE SALTAN LOS LÍMITES DE LA LEY 147
COMPRAR DEPORTE PROFESIONAL.. 148
EL PODER DE LA PRENSA.. 148
EL PODER DE LAS PALABRAS... 149
EL PESO DE LOS MEDIOS DE COMUNICACIÓN ES SINÓNIMO DE INFLUENCIA POLÍTICA.. 150
"MEJOR SITUADOS" QUE "LA MAYORÍA DE LOS DEMÁS" GRUPOS 151
¿QUIÉN DOMINA LA ÉLITE ESTADOUNIDENSE? 152
LA ÉLITE UNIVERSITARIA ESTADOUNIDENSE 153
PROFESORES DE ESCUELAS DE ÉLITE... 153
PROFESORES JUDÍOS MEJOR PAGADOS 154
DECISIÓN CLAVE" EN LOS INFORMATIVOS DE TELEVISIÓN; CASI UN TERCIO DE LA "ÉLITE MEDIÁTICA".. 154
INFLUYENTE" EN LA "GESTIÓN DE INFORMATIVOS DE TELEVISIÓN". 155
LIBROS DE O SOBRE JUDÍOS.. 155
COLUMNISTAS Y COMENTARISTAS PROISRAELÍES 156
EL EFECTO JOE LIEBERMAN: DINERO JUDÍO "OCULTO A LA VISTA DEL PÚBLICO 162
EL SECRETO DE LA OPULENCIA JUDÍA 163
EL GRUPO ÉTNICO MÁS RICO.. 163
LA ÉLITE JUDÍA: ¿QUIÉN ES QUIÉN?.. 164
LO QUE CREEN LOS LÍDERES JUDÍOS... 171
LA INFLUENCIA POLÍTICA VA MÁS ALLÁ DE LAS CIFRAS 172

JUDÍOS EN EL SENADO DE LOS EE.UU. 172
CÁMARA DE REPRESENTANTES 172
CASI EL DOBLE DE PODER DE VOTO 173
LOS JUDÍOS "AMPLIFICAN SU PODER DE VOTO 174
CONCENTRACIÓN DE LA POBLACIÓN JUDÍA Y PORCENTAJE DEL ELECTORADO TOTAL 174
COMITÉS JUDÍOS DE ACCIÓN POLÍTICA (PAC) 175
INMIGRANTES ISRAELÍES Y DELINCUENCIA ORGANIZADA 179
LOS JUDÍOS Y EL PARTIDO COMUNISTA - EE.UU. 180
LAS MUJERES JUDÍAS SUPERAN EN NÚMERO A LAS NO JUDÍAS 180
CLUB "SECRETO" DE MULTIMILLONARIOS JUDÍOS 180
EL DOBLE DE LA TASA DE AUTOEMPLEO 181
LOS JUDÍOS DE WALL STREET 182
¿LOS "AMOS" DE INTERNET? 183
HERMANAS SOB JUDÍAS 183
UN ENORME EFECTO DOMINÓ 183
LOS JUDÍOS Y LAS NOTICIAS: "UNA COMUNIDAD MUY UNIDA 184
DOS CASAS, VIAJABA MUCHO, CENABA FUERA 185
PERSONAS QUE PUEDEN PERMITIRSE COMPRAR LIBROS 185
COMPRAS DE LIBROS DE TAPA DURA 186
VALORES E INVERSIONES MANTENIDOS 186
NOMBRES JUDÍOS EN EL RANKING FORBES 400 187
LA LISTA DE JUDÍOS EN LOS "FORBES 400" EN 2004 187
AMÉRICA: EL MAYOR TRIUNFO... 194
LA CULTURA OCCIDENTAL ESTÁ "IMPREGNADA DE JUDAÍSMO 195

UN JUICIO FINAL... ....**196**
El poder judío en Estados Unidos hoy es mayor que el poder judío en cualquier país en cualquier momento de la historia 196
Filósofos sionistas modernos: "América es la nueva Jerusalén 197

ALGUNAS REFLEXIONES... ....**208**
La ola del futuro... 208

BIBLIOGRAFÍA DE FUENTES **217**
OTROS TITULOS **223**

LA NUEVA JERUSALÉN

EL PODER SIONISTA EN AMÉRICA

> "La gran cuestión que ha preocupado a la humanidad en todas las épocas, y que le ha hecho sufrir la mayoría de los males que han arruinado ciudades, despoblado países y perturbado la paz del mundo, no ha sido si hay poder en el mundo, o de dónde procede, sino quién debe detentarlo.
>
> -JOHN LOCKE *Tratados de Gobierno*, I

THE HALF-PROMISED LAND.

El 7 de junio de 1922, la famosa revista satírica londinense *Punch* publicó esta viñeta titulada "La tierra medio prometida". La viñeta evoca el modo en que Pinchas Rutenberg, un revolucionario judío antizarista de origen ruso convertido en ferviente sionista y hombre de negocios, veía Palestina, entonces todavía en manos británicas y aún no transferida, como finalmente ocurrió, al control judío. Para Rutenberg, Palestina resultó ser una verdadera tierra de leche y miel, una base para lo que era esencialmente el plan de Rutenberg de enriquecerse rápidamente suministrando electricidad a Palestina, como muestran los "contratos eléctricos" que llevaba en la mano, con su bolsa de viaje en la otra, con la etiqueta "Sr. Rutenberg - de Rusia a Palestina". La Palestine Electric Corporation de Rutenberg (que más tarde se convertiría en la Israel Electric Corporation) fue una de las primeras empresas en establecerse con éxito en Palestina. Aunque Rutenberg y sus compañeros soñadores sionistas acabaron consiguiendo un Estado en Palestina, con la creación oficial de Israel en 1948, desde entonces ha surgido una "nueva Jerusalén" muy real, firmemente en manos de los "Rutenbergs" modernos, y se trata nada menos que de los Estados Unidos de América.

SOBRE LA PORTADA...

Reproducción del cuadro de Robert Fleaux de 1851 "Asalto a la judería de Venecia", cuyo original se conserva en el Museo de los Agustinos de Toulouse. El cuadro conmemora el levantamiento de los ciudadanos venecianos del siglo XV contra los mercaderes y prestamistas judíos que habían llegado a dominar sus asuntos comerciales y públicos.

De hecho, en toda Europa se produjeron acontecimientos similares cuando los ciudadanos descubrieron que sus respectivas economías -local, provincial y nacional- habían caído en manos de unos pocos privilegiados.

Este tipo de levantamientos se produjeron en Europa hasta bien entrado el siglo XX. Algunos creen que esta trágica historia desempeñó un papel importante a la hora de dirigir la atención judía hacia el nuevo continente americano, donde habían arraigado los intereses geopolíticos británicos, estrechamente vinculados a las empresas mundiales de la familia judía Rothschild.

Al final, Estados Unidos -tras años de agitación, guerras y malestar social, atribuibles en gran medida a las intrigas de alto nivel en las que estaban implicados los Rothschild y sus agentes en suelo estadounidense- empezó a adoptar un rostro claramente distinto, con una "nueva élite" emergiendo para reinar suprema sobre un país muy dividido internamente.

Las consecuencias de este nuevo paradigma -y el impacto que puede tener en el futuro no sólo de Estados Unidos, sino del mundo- son el tema de *La Nueva Jerusalén*.

Dedicación

A Ruth Cramer Waters, la primera persona que me dijo que los sionistas tenían un inmenso poder en Estados Unidos.

A mi amigo de toda la vida, el coronel Dallas Texas Naylor, un patriota incondicional cuya vida fue demasiado corta.

A los más de cien millones de víctimas del sionismo y el comunismo en todo el mundo.

A los supervivientes (y víctimas) musulmanes y cristianos del Holocausto palestino (la "Nakba").

A Nicolás II, zar de Rusia, primer mártir del siglo XX, masacrado por asesinos sionistas.

A John Fitzgerald Kennedy, ejecutado públicamente por intentar detener la loca carrera de Israel por construir armas nucleares de destrucción masiva.

A Su Santidad el Papa Pío XII, cuya memoria ha sido ritualmente mancillada por las fuerzas del odio.

Lawrence Dennis, Charles Coughlin, Paquita DeShishmareff, Arnold Leese, Henry Ford, Charles Lindbergh, Ezra Pound -y muchos otros- fueron crucificados por hablar claro.

A Eustace Mullins, el intelectual estadounidense cuyos estudios me introdujeron en tramas que pocos llegarían a escribir.

A Ernst Zundel, Hans Schmidt, Fredrick Toben y Udo Walendy, cuatro entre los miles de encarcelados por atreverse a cuestionar las "interpretaciones" oficiales de la historia del siglo XX.

A Paul Christian Wolff, querido amigo, confidente y consejero, cuya perspicacia y humor nunca serán igualados.

Y a todos los futuros líderes -en Estados Unidos y en todo el mundo- que participarán en los ajustes necesarios para llevar la verdadera libertad a todos los pueblos de nuestro planeta.

- MICHAEL COLLINS PIPER

EL PRIMER GRAN FANÁTICO DE AMÉRICA: LEWIS CHARLES LEVIN, MIEMBRO DEL CONGRESO DE LOS ESTADOS UNIDOS, JUDÍO FUNDADOR DEL PARTIDO "KNOW NOTHING".

El tema del "antisemitismo" y el "fanatismo" se discute mucho en los principales medios de comunicación y en los libros de historia estadounidense actuales. Pero quizá el mayor secreto sea que uno de los primeros y más importantes fanáticos estadounidenses en liderar la lucha contra la inmigración a Estados Unidos -en particular la inmigración católica irlandesa- fue un destacado judío estadounidense, Lewis Charles Levin.

Aunque la historia nos dice a menudo que el llamado movimiento Know Nothing -el Partido de los Nativos Americanos- estaba "dirigido por protestantes" y "tenía como objetivo a católicos y judíos", lo cierto es que Levin -judío- no sólo fue uno de los fundadores del partido, sino también uno de los editores de su órgano nacional ¡y uno de los primeros miembros de Know Nothing en ser elegido congresista

De hecho, Levin fue el primer judío elegido al Congreso de Estados Unidos. Sin embargo, la literatura judía actual nunca menciona el destacado papel de Levin en la agitación anticatólica de los primeros años de Estados Unidos.

Levin nació en 1808 en Charleston, Carolina del Sur, que -como saben los estudiosos de la trata de esclavos africanos- fue el centro de la población judía de Estados Unidos durante muchos años, mucho antes de que surgiera como tal la ciudad de Nueva York. Más tarde, como abogado, se trasladó a Filadelfia, donde publicó y editó el *Philadelphia Daily Sun*. En 1844 fue elegido diputado al Congreso de Pensilvania por el partido estadounidense (o "Know Nothing") y ocupó el cargo durante tres legislaturas, hasta que fue derrotado para la reelección en 1850. Levin murió diez años después, el 14 de marzo de 1860.

El hecho de que Levin fuera uno de los primeros agitadores anticatólicos en suelo estadounidense es, cuando menos, interesante, sobre todo porque, como hemos señalado, los libros de historia se han cuidado de "alterar" el registro histórico con respecto al papel de Levin en el movimiento Know Nothing. Y esto, por supuesto, plantea la pregunta: "¿Por qué?". En las páginas de *La Nueva Jerusalén*, explicaremos por qué la carrera de Levin ha sido relegada al orwelliano "agujero de la memoria" y por qué, en cambio, seguimos oyendo que los "protestantes" y los "católicos" eran tan hostiles a los "pobres inmigrantes judíos que huían de la persecución".

La historia de Levin es muy reveladora...

PRÓLOGO

¿Israel o Estados Unidos

En 1988, el profesor Shalom Goldman, catedrático asociado de Estudios Hebreos y de Oriente Próximo en la Universidad de Emory, hizo el interesante descubrimiento de que un antepasado poco conocido de los presidentes Bush estadounidenses no era otro que el profesor George Bush, quien, en 1830, escribió *La vida de Mahoma*, que resultó ser el primer texto de odio antimusulmán publicado en suelo estadounidense.

En su propio libro de 2004, *God's Sacred Tongue: Hebrew and the American Imagination* (The University of North Carolina Press), el profesor Goldman, hablando de Bush, que vivió entre 1796 y 1859, sostiene que la vida y la obra de Bush son importantes para rastrear las raíces del "sionismo cristiano" en América. Bush fue muy famoso y prolífico en su época y fue un ferviente defensor del retorno de los judíos a Tierra Santa, y sus declaraciones a este respecto, dice Goldman, "tuvieron una influencia considerable".

Irónicamente, a pesar de su defensa del sionismo, Bush no era filosemita; al contrario, era bastante hostil al pueblo judío, al igual que lo era a los musulmanes. Veía la filosofía judía como una amenaza para el cristianismo y Occidente, y creía que el establecimiento de un Estado judío sólo sería posible apelando a lo que Bush llamaba los "principios mundanos y egoístas de la mente judía".

Por supuesto, ahora existe un Estado judío conocido como Israel, y los descendientes de Bush han demostrado ser dignos defensores de esa nación, con ambos presidentes Bush lanzando guerras devastadoras en su nombre. Y el segundo presidente Bush, por lo menos, parece compartir el particular amor-odio de su lejano antepasado por los judíos en virtud de su propia marca de dispensacionalismo cristiano, que sitúa a Israel en su centro, mientras espera esos llamados "últimos días" en los que (según la enseñanza) sólo un remanente de judíos sobrevivirá y se convertirá en seguidor de Cristo.

Sin embargo, el profesor Bush no fue el único filósofo que imaginó el regreso de los judíos a Sión. Otros, de hecho, veían a los Estados Unidos de América como la nueva Jerusalén -al menos temporalmente- y consideraban el suelo americano como un lugar de reunión para que los judíos prepararan su eventual regreso a Palestina, que se suponía era la tierra de sus antepasados. Y aunque hoy en día -sin que muchos lo sepan- hay muchos antropólogos y arqueólogos de renombre, así como académicos judíos y cristianos y estudiosos de la Alta Crítica, entre otros, que tienen serias dudas sobre el llamado derecho "his tórico" del pueblo judío a Palestina, la leyenda de un retorno a Tierra Santa tuvo gran influencia en los primeros tiempos de América, e incluso hasta nuestros días.

(Para quienes se atrevan a examinar esta controversia en torno al mito de una reivindicación histórica judía de Palestina, un buen punto de partida es el libro del profesor Thomas L. Thompson de 1999, *The Mythic Past: Biblical Archeology and the Myth of Israel* (Basic Books). Del mismo modo, el autor judío Daniel Lazare publicó un artículo titulado "False Testament" en el número de marzo de 2002 de *Harper's*. El artículo puede encontrarse en Internet en findarticles.com). Sin embargo, a medida que avanzamos en el siglo XXI -mucho después de que el profesor Bush haya recibido su premio- nos encontramos con que, aunque el Estado de Israel existe -a duras penas, y desgarrado por importantes divisiones internas-, la posición de la comunidad sionista en suelo estadounidense no tiene parangón con ningún otro grupo étnico, ni siquiera con las antiguas familias denominadas "WASP" de gran poder y renombre.

Aunque los sionistas estadounidenses insisten en que Estados Unidos debe seguir apoyando al Estado de Israel con miles de millones de dólares en ayuda social, por no hablar de la ayuda militar y otras formas de apoyo, estos mismos sionistas no parecen tener ninguna intención de convertirlo en su hogar. No, de hecho, son bastante felices aquí en Estados Unidos, y lo disfrutan inmensamente.

Como veremos, la élite sionista estadounidense ha conseguido mucho y, aunque mucha gente sabe que el llamado "lobby israelí" es poderoso en Washington, la mayoría no entiende exactamente por qué este lobby es tan poderoso. La razón es muy simple: a pesar de todo el bombo y la retórica sobre el "pequeño Israel" y su lugar sagrado en los corazones del pueblo judío, el hecho es que Estados Unidos se ha convertido en el centro del poder sionista en el mundo actual.

Gracias a la fuerza de su poder financiero y al dominio del monopolio de los medios de comunicación, los supremos han convertido a Estados Unidos en el mecanismo de creación de un imperio global, el nuevo orden mundial con el que soñamos desde hace tanto tiempo.

Desde una perspectiva más amplia, el Estado de Israel no es más que el símbolo de un sueño ancestral que, de hecho, se ha hecho realidad aquí mismo, en América: la nueva Jerusalén.

-MICHAEL COLLINS PIPER

Introducción

Semitas y antisemitas - El viejo conflicto

Aunque gran parte del contenido de este libro está tomado de libros de autores judíos que citan e incluso alardean de la riqueza y el poder judíos, la Liga Antidifamación (ADL) de B'nai B'rith lo calificará sin duda de "antisemita", si se atreve siquiera a mencionarlo.

Desde el principio, dejemos claro que nuestro objetivo no es decir que los judíos de América no merecen la riqueza masiva y sin precedentes y el consiguiente poder que han acumulado (y que se documentan en este libro).

No se cuestiona la existencia de una riqueza y un poder judíos considerables. Lo que se cuestiona es la forma en que la comunidad judía ha ejercido su riqueza y su poder -en colaboración con un núcleo duro de aliados cristianos fundamentalistas-, especialmente en el ámbito de la influencia en la política estadounidense hacia Israel y el mundo árabe.

La verdad es que dos de las grandes tragedias de nuestro nuevo siglo - el atentado terrorista del 11 de septiembre, que causó la muerte de 3.000 estadounidenses, y la innecesaria y desastrosa invasión estadounidense de Iraq, que provocó la pérdida de innumerables vidas y diez veces más masacres y mutilaciones- son consecuencia directa de la política estadounidense en Oriente Próximo. Esta política ha sido dictada por el "lobby judío" de Washington y fomentada activamente por el monopolio mediático estadounidense que, a todos los efectos, es propiedad en gran medida de un puñado de familias e intereses financieros que son partidarios judíos de Israel.

¿Cuántas tragedias más de este tipo ocurrirán porque los judíos estadounidenses han acumulado tanto poder y lo han utilizado para influir en la política estadounidense de forma tan parroquial, obligando a los funcionarios y cargos electos estadounidenses a aplicar políticas que, la mayoría de las veces, son contrarias a los intereses de Estados Unidos? ¿Cuántos inocentes más tendrán que morir? ¿Cuánto tiempo más seguirá dominando la política exterior estadounidense un influyente grupo de interés

Estas cuestiones tan serias demuestran por sí solas por qué un estudio de la riqueza y el poder acaparados por la élite judía en Estados Unidos es totalmente aceptable y lógico como parte de un debate público, a pesar de lo que los bien financiados y a menudo histéricos demonizadores de la ADL puedan decir en sentido contrario.

Ciertamente, la influencia judía no se limita a la política exterior. La influencia de las organizaciones judías en la configuración de la moderna (y más desastrosa) política de inmigración estadounidense ha sido primordial.

Lo mismo se aplica a la influencia judía en cuestiones como la separación de la Iglesia y el Estado y la institución de medidas de "control del pensamiento" que atentan contra las libertades de la Primera Enmienda. El abanico de cuestiones es interminable.

Sin embargo, quienes plantean cuestiones sobre la influencia judía son acusados, por supuesto, de "antisemitismo", lo que siempre resulta perjudicial.

Y -al menos en el pasado- quienes han cargado con esta fea etiqueta se han enfrentado a las formas más flagrantes de censura y oprobio públicos, por no hablar de sanciones económicas y, en más de una ocasión, actos de terrorismo, esto último nada sorprendente si se tiene en cuenta que el terrorismo moderno tiene sus orígenes en las actividades de las llamadas organizaciones judías de "defensa" que expulsaron a los británicos de Palestina antes de la creación de Israel en 1948.

Sin embargo, en los últimos años, si hemos de creer a grupos como la ADL, el antisemitismo está creciendo a pasos agigantados. En los últimos años, decenas de libros y miles de artículos de revistas han agitado el espectro de un "nuevo antisemitismo".

Incluso el prestigioso diccionario Webster ha ampliado la definición de antisemitismo para incluir la "oposición al sionismo" y la "simpatía por quienes se oponen a Israel", dos categorías que probablemente engloban a miles de millones de personas en todo el mundo.

En este sentido, quizá no sorprenda que hace unos años, incluso antes del llamado "recrudecimiento" del "nuevo antisemitismo", la canción más popular en Israel fuera "El mundo entero está contra nosotros", lo que refleja un estado de ánimo cuanto menos revelador.

El hecho es que el tema del "antisemitismo", del que la ADL ha sacado tanto provecho, se ha vuelto tan manido y gastado que ahora parece -si hemos de creer a la ADL- ¡que prácticamente todo el mundo es antisemita (o al menos potencialmente antisemita)

La historia demuestra que un amplio abanico de personas han sido acusadas por la ADL -o por "hatemongers" similares como el Centro Simon Wiesenthal- de ser "antisemitas" y/o de no apoyar suficientemente las reivindicaciones del pueblo judío y, en tiempos más modernos, del Estado de Israel. Y no estamos hablando de Adolf Hitler. La lista de personas acusadas de "antisemitismo" es realmente impresionante, y prácticamente constituye un catálogo de algunas de las figuras más respetadas de sus respectivas épocas. La lista no es en absoluto exhaustiva, pero sí representativa.

En primer lugar, hay una larga lista de antiguos funcionarios de los últimos años - liberales y conservadores por igual - que han sido calificados de "antisemitas", acusados de haber hecho comentarios "antisemitas" o acusados de hostilidad hacia el "pequeño Israel". Entre los acusados figuran nombres tan destacados como:

- Presidente Richard Nixon	- Presidente John F. Kennedy
- Presidente Jimmy Carter	- Presidente George H. W. Bush
- Presidente Gerald Ford	- Presidente Harry Truman
- Senador Robert F. Kennedy (D-N.Y.)	- El Senador J. William Fulbright (D-Ark.)
- Senador Charles Percy (R-Ill.)	- Senador Jim Abourezk (D-S.D.)
- Senador Adlai Stevenson (D-Ill.)	- Senador Ernest F. Hollings (D-S.C.)
- Rep. Paul Findley (R-Ill.)	- Rep. Pete McCloskey (R-Calif.)
- Ed Zshau (R-Calif.)	- Mary Rose Oakar (D-Ohio)

- Diputado Mervin Dymally (D-Calif.)
- Rep. John R. Rarick (D-La.)
- Rep. Jim Traficant (D-Ohio)
- Bill Scranton, Embajador de las Naciones Unidas
- Gobernador John B. Connally (D-Texas)
- Secretario de Defensa Caspar Weinberger
- Diputado Gus Savage (D-Ill.)
- Rep. Steve Stockman (R-Texas)
- Rep. Earl Hilliard (D-Ala.)
- Embajador de las Naciones Unidas Andrew Young
- Secretario de Defensa James Forrestall
- Secretario de Estado James Baker

Al menos tres miembros actuales del Congreso (desde las elecciones de 2004) han sido acusados de "antisemitismo" en alguna ocasión:

- Rep. Fortney "Pete" Stark (D-Calif.)
- Rep. Cynthia McKinney (D-Ga.)
- Senadora Hillary Rodham Clinton (D-N.Y.)

Sí, ¡incluso Hillary! Y recuerden que durante la campaña presidencial de 2004, el ex gobernador de Vermont, Howard Dean, cuya esposa es judía, fue sospechoso de no ser muy leal a los intereses de Israel.

Como resultado, Dean vio saboteada su reñida campaña presidencial en los caucus de Iowa por -según el periódico judío *Forward*- una gran afluencia de votantes judíos a favor del senador demócrata John Kerry, cuya propia campaña estaba, hasta entonces, perdiendo impulso.

La élite judía simplemente no podía aceptar la idea de que un político inconformista como Dean -que se oponía a la guerra de Irak que las principales organizaciones judías estadounidenses (e Israel) apoyaban- pudiera estar al alcance de ganar la nominación presidencial del Partido Demócrata.

De ahí el cambio a Kerry que, como ahora sabemos, es él mismo de origen judío.

En el pasado, aparte de los políticos, algunas conocidas figuras militares estadounidenses han sido acusadas de ser "antisemitas" u hostiles al Estado de Israel. Entre ellas se encuentran las siguientes figuras:

- General George Patton

- General George C. Marshall

- General George Stratemeyer

- General Albert Wedemeyer

- General George V. Strong (Jefe de Inteligencia Militar - 1942-45)

- General de División George Moseley (Jefe Adjunto de Estado Mayor, Ejército de EE.UU.)

- Coronel Sherman Miles (Jefe de Inteligencia Militar)

- General George Brown (Jefe del Estado Mayor Conjunto)

- Adm. Thomas Moorer (Jefe del Estado Mayor Conjunto)

- General Pedro del Valle (Infantería de Marina de EE.UU.)

En los últimos años, varios artistas, literatos, comentaristas y otras personas -incluidos al menos un rabino judío y un periodista judío- también han sido acusados de "antisemitismo" u hostilidad hacia Israel, de una forma u otra. Entre ellos figuran:

- Mel Gibson
- Marlon Brando
- Michael Jackson
- Steve Carlton
- Gore Vidal
- Robert Mitchum
- Mark Lane
- Alfred Lilienthal
- Rabino Elmer Berger
- Billy Graham
- Mike Wallace ("Sesenta minutos")
- Peter Jennings ("ABC News")

Varios líderes negros también han sido acusados (o sospechosos) de ser "antisemitas". Entre ellos figuran:

- Martin Luther King
- Reverendo Jesse Jackson
- Ministro Louis Farrakhan
- Malcolm X

Cabe señalar que el 28 de abril de 1993, el *San Francisco Weekly* informó de que un antiguo funcionario de la ADL, Henry Schwarzschild, había revelado que King era una de las personas a las que la ADL vigilaba regularmente, y que luego entregaba los resultados de su trabajo al FBI.

De hecho, mientras el FBI espiaba al reverendo King, la ADL hacía lo mismo, considerando a King un "electrón libre", según Schwarzschild. ¡Así que ni siquiera un estimado líder afroamericano de los derechos civiles era inmune a las sospechas de la ADL

La verdad es que cualquiera -repito, cualquiera- que tenga un punto de vista sustancial sobre cualquier tema y decida expresarlo en un foro público es considerado bajo vigilancia por la ADL, que actúa como la "policía del pensamiento" no oficial de la élite sionista estadounidense.

Empezar a enumerar los líderes mundiales no estadounidenses que han sido acusados de antisemitismo (en la definición Webster del término) sería un poco largo, aunque el mundialmente conocido ex Primer Ministro de Malasia, Dr. Mahathir Muhammed, es probablemente uno de los más conocidos de los que han sido víctimas de esta campaña de desprestigio. Y es sólo uno de los nombres respetados que recientemente han sido objeto de esta acusación.

Merece la pena citar la lista de personalidades del pasado acusadas de "antisemitismo". La lista incluye escritores, filósofos, artistas, compositores e inventores como...:

- Walt Disney
- Thomas Edison
- Charles A. Lindbergh
- Henry Ford
- H. L. Mencken
- Theodore Dreiser
- Nathaniel Hawthorne
- Ernest Hemingway
- Lord Byron
- Thomas Carlyle
- Henry James
- Henry Adams
- T. S. Eliot
- George Eliot
- Washington Irving
- Truman Capote
- Carl Jung
- F. Scott Fitzgerald

- Jack Kerouac
- Rudyard Kipling
- D. H. Lawrence
- James Russell Lowell
- Henry Miller
- C. Northcote Parkinson
- Ezra Pound
- George Bernard Shaw
- Richard Wagner
- Robert Louis Stevenson
- Percy Shelley
- H. G. Wells
- Franz Liszt
- Somerset Maugham
- Eugène O'Neill
- Sir Walter Scott
- George Sand
- Johannes Brahms
- William Faulkner
- George Orwell

Oh, la lista continúa...

Así que la próxima vez que oiga acusar a alguien de ser "antisemita" (o algo así), la persona acusada está en realidad en muy buena compañía. No sólo se acusa a esos locos "neonazis" con extraños uniformes de no ser muy amigos de los sionistas. ¡Incluso lo han dicho de Walt Disney

Y como ya hemos visto, la élite judía estadounidense tiene poco de lo que presumir en lo que se refiere al fanatismo, como demuestra la poco conocida historia del primer miembro judío del Congreso de Estados Unidos, Lewis Levin, a quien conocimos en las primeras páginas de este volumen. En su lucha por mantener a los católicos irlandeses fuera de Estados Unidos, Lewis Levin fue el verdadero pionero del fanatismo en América.

La próxima vez que su vecino judío se queje de "antisemitismo", puede hablarle de Levin.

De hecho, no sólo sufrieron "los pobres judíos perseguidos", aunque a veces se pueda pensar lo contrario, si nos remitimos a lo que se oye en los medios de comunicación, que a menudo proclaman que el sufrimiento judío es "único". De hecho, las élites judías han contribuido al sufrimiento de los demás. El ejercicio de su poder e influencia no siempre ha sido beneficioso.

Dicho esto, echemos un vistazo a algunos hechos fríos y duros sobre quienes reinan en los Estados Unidos de hoy.

Como veremos, no hay duda de que a los "pobres judíos perseguidos" les ha ido bastante bien en América, por lo que no es exagerado llamar a América... La nueva Jerusalén.

La "nueva élite" americana

Una visión franca y comprensiva de este tema tan difícil

El 29 de agosto de 1897, el primer Congreso Sionista, reunido en Basilea, Suiza, aprobó una resolución que decía simplemente: El objetivo del sionismo es crear para el pueblo judío un hogar en Palestina...

Gran parte del mundo veía con buenos ojos la teoría que sustentaba esta resolución, incluidos (y quizá especialmente) los elementos antijudíos de Europa y otros lugares que veían en la expulsión del pueblo judío de sus respectivas fronteras nacionales una solución a ese viejo problema al que la literatura suele referirse amablemente como "la cuestión judía". Durante mucho tiempo se olvidó -o incluso se suprimió- que entre los partidarios más virulentos de la creación de un Estado judío se encontraban los que llegaron a ser conocidos como "antisemitas".

Con el tiempo, en 1948, surgió en Palestina un nuevo Estado sionista conocido como "Israel", pero -como hoy sabemos demasiado bien- las circunstancias que rodearon el nacimiento de esta nación condujeron a generaciones de tragedia y conflicto en la región, problemas que hoy, en el momento de escribir estas líneas, han colocado literalmente al mundo entero al borde de la conflagración nuclear.

Sin embargo, a pesar de la fundación del Estado sionista, los sionistas estadounidenses se aferran de todo corazón a Estados Unidos, en lugar de reasentarse en el Estado de Israel y hacer realidad el sueño sionista. De hecho, como muestran los archivos, y éste es el tema de este volumen, Estados Unidos se ha convertido en la nueva Jerusalén, el centro de la riqueza y el poder sionistas. El Estado de Israel no es más que una distracción, una minúscula entidad geográfica que puede o no sobrevivir. Como tal, ahora vemos un nuevo enfoque en la perspectiva sionista. En resumen, el sionismo gobierna América y América, bajo el dominio del sionismo (o eso parece ahora), pretende gobernar el mundo.

Obviamente, cuando se trata de una tesis "controvertida" como ésta, lo mejor es citar fuentes que se consideren "respetables" y "responsables". Así que al abordar el incómodo tema del poder sionista en Estados Unidos y sus consecuencias, parece más apropiado ir directamente a la fuente: uno de los periódicos más respetados de Israel.

El 20 de agosto de 2004, el periódico israelí *Ha'aretz* publicó un notable comentario de Avi Beker titulado "La edad de oro del judaísmo estadounidense". Beker se refería al muy publicitado 350 aniversario de la fundación de la comunidad judía en Estados Unidos, que se celebrará el próximo mes de septiembre. El periódico israelí señalaba que el historiador Paul Johnson, descrito como "conocido por su simpatía hacia Israel", había sugerido que "la historia de la expansión y el fortalecimiento del judaísmo estadounidense en el siglo XX no es menos importante que la creación del Estado de Israel, e incluso más".

Aunque la creación de Israel ha dado al pueblo judío una patria soberana, *Ha'aretz* afirma que Johnson considera que Estados Unidos ocupa un lugar especial en la historia judía: "El judaísmo estadounidense", afirma el periódico israelí, "ha alcanzado un estatus sin precedentes por el poder que ha adquirido para configurar la política de la primera potencia mundial".

Ha'aretz escribe: "No hay precedentes de una integración tan profunda en todos los ámbitos de la vida, ni de una influencia política tan grande, como la de la judería estadounidense.... Ahora está claro que los 350 años de exilio judío en América marcan una edad de oro nunca antes conocida en la historia judía".[1]

Y aquí está... en las páginas de uno de los periódicos más influyentes de Israel. Estos no son los "desvaríos" de un "antisemita enloquecido".

---

[1] Citas de *Ha'aretz*, 20 de agosto de 2004. Artículo de Avi Beker.

Este es un periódico judío, publicado en Israel, saludando el ascenso de la comunidad judía en América.

Entonces, ¿en qué consiste exactamente esta extraordinaria influencia judía? ¿Qué poder tiene la comunidad judía en la vida estadounidense? Como dicen algunos, "¿controlan los judíos América"? En este volumen presentamos una amplia variedad de documentos -en su mayoría de fuentes judías- que proporcionarán a los lectores la información que necesitan para juzgar por sí mismos.

En 1937, el denunciante Ferdinand Lundberg causó sensación con *un* libro titulado *America's Sixty Families*. Su libro fue el primer estudio en profundidad de la creciente acumulación de una vasta riqueza e influencia por parte de un pequeño grupo de estadounidenses -muchos de los cuales eran matrimonios o familias relacionadas con los negocios- que habían llegado a dominar la república americana.

Lundberg abrió este volumen con una afirmación que, aunque totalmente cierta, abrió los ojos de los lectores estadounidenses a una realidad que quizá pocos de ellos habían reconocido:

Hoy, Estados Unidos es propiedad y está dominado por una jerarquía formada por las sesenta familias más ricas, apoyadas por no más de noventa familias menos ricas.

Fuera de este círculo plutocrático, hay quizás otras trescientas cincuenta familias, menos definidas en términos de desarrollo y riqueza, pero que representan la mayor parte de los ingresos de 100.000 dólares o más que no corresponden a los miembros del círculo íntimo.

Estas familias son el centro vivo de la moderna oligarquía industrial que domina Estados Unidos, operando discretamente bajo una forma de gobierno democrática *de iure*, tras la cual se ha ido configurando un gobierno de *facto*, de líneas absolutistas y plutocráticas, desde la Guerra de Secesión.

Este gobierno de facto es, de hecho, el gobierno de Estados Unidos, informal, invisible, oscuro. Es el gobierno del dinero en una democracia del dólar.

Bajo sus codiciosos dedos y en su poder, las sesenta familias tienen la nación más rica jamás creada en el taller de la historia...

Los grandes terratenientes estadounidenses de hoy superan históricamente a la orgullosa aristocracia que rodeó a Luis XIV, el zar Nicolás, el emperador Guillermo y el emperador Francisco José, y ostentan un poder mucho mayor.[2]

En la época en que Lundberg escribía, había un núcleo sólido de riqueza judía sustancial entre las "sesenta familias" enumeradas. De las 60 familias clasificadas por Lundberg en términos de riqueza, los Guggenheim, famosos por la fundición y el cobre, ocupaban el puesto 13, seguidos de cerca por las siguientes familias de banqueros: los Lehman en el puesto 18, los Warburg en el 26, Mortimer Schiff en el 44, George Blumenthal de Lazard Freres en el 48, el magnate de los grandes almacenes Michael Friedsam en el 50, seguido de Julius Rosenwald de Sears & Roebuck en el 58. El banquero, especulador de guerra y "arreglador" político entre bastidores Bernard M. Baruch quedó en el puesto 59, entrando por los pelos en las "Sesenta Familias de América", como lo apodó Lundberg.[3]

Los tiempos han cambiado, sin embargo, y la riqueza y la influencia judías han crecido, pero han seguido siendo un tema del que no se ha hablado, entonces como ahora.

El libro de Lundberg sigue siendo un valioso trabajo de investigación para los estudiantes de historia estadounidense. Pero atención: Lundberg era comprensiblemente, y podemos entender por qué, bastante proclive a restar importancia al importante papel que desempeñaron los intereses judíos dentro de la plutocracia estadounidense y su dominio de los asuntos políticos, económicos y sociales de Estados Unidos. Con todo, su obra ha sido un hito, cualesquiera que sean sus defectos.

En 1968, Lundberg volvió con una secuela de *America's Sixty Families*. Este nuevo volumen, titulado *The Rich and the Super-Rich (Los ricos y los superricos)*, ofrece una visión de la situación actual en el mundo

---

[2] Ferdinand Lundberg. *The Sixty Families of America* (Nueva York: Halcyon House edition, 1939), pp. 3-4.

[3] *Ibid*, pp. 26-27.

secreto de los superricos. En *The Rich and the Super-Rich*, Lundberg hace una evaluación bastante interesante de la situación:

La mayoría de los estadounidenses -ciudadanos del país más rico, más poderoso y más idealista del mundo- no poseen, en gran medida, más que sus posesiones domésticas, algunos aparatos relucientes como coches y televisores (normalmente comprados a plazos, a menudo de segunda mano) y la ropa que visten. Una horda, si no la mayoría, de estadounidenses vive en chabolas, tugurios, ruinas victorianas de segunda mano, conventillos desvencijados y bloques de apartamentos destartalados.... Al mismo tiempo, un puñado de estadounidenses están dotados de medios extravagantes, como los príncipes de los cuentos de Las mil y una noches.[4]

Aunque Lundberg tenía razón en su valoración general, se equivocaba en un punto esencial: la élite actual: son príncipes, pero no son árabes.

Los medios de comunicación estadounidenses hablan de la riqueza de los jeques árabes y de las riquezas petrolíferas de Oriente Próximo, pero la riqueza acumulada de la comunidad judía estadounidense -y la influencia política que ejerce en todas las grandes ciudades (y desde luego en las pequeñas ciudades y pueblos de Estados Unidos)- empequeñece la de estos príncipes árabes.

La "nueva élite" estadounidense actual está formada, sin duda, por las ricas y poderosas familias judías que, a diferencia de los Rockefeller, Morgan, Roosevelt, Kennedy, Vanderbilt y otros "príncipes" de épocas anteriores, tienen un perfil público considerablemente más bajo que la élite pagana del pasado.

Aunque se acepta, hasta cierto punto, que existe un poderoso "lobby israelí" en el Washington oficial, a veces incluso llamado "lobby judío" por las personas menos precavidas, la imagen pública de este lobby es la de uno dedicado exclusivamente a los intereses del Estado de Israel.

Los periódicos judíos debaten libremente la cuestión de la influencia de la comunidad judía y su repercusión en la política exterior

---

[4] Ferdinand Lundberg. *The Rich and the Super-Rich* (Nueva York: Lyle Stuart, 1968), p. 1.

estadounidense, pero incluso los periódicos y revistas de la llamada "corriente dominante" abordan a veces el tema.

"Sí", dicen, "el lobby israelí es poderoso, pero es sólo un lobby entre muchos, como el lobby de las armas o la Asociación Americana de Jubilados.

Los judíos estadounidenses tienen tanto derecho a presionar en favor de Israel como los greco-americanos y los árabe-americanos tienen a presionar en favor de causas en torno a las cuales se unen sus propias comunidades". Se ha escrito mucho sobre el poder del lobby israelí, y negar su influencia es una corrección política desenfrenada.

Lo que pocos estadounidenses saben, sin embargo, y que la comunidad judía preferiría mantener en secreto, es el creciente peso financiero, cultural y social de la comunidad judía estadounidense. Aunque sin duda hay muchos judíos pobres, lo cierto es que los judíos estadounidenses se están convirtiendo -si no se han ganado ya el título- en aspirantes al título de "élite de Estados Unidos", sin excepción. Son la "nueva élite estadounidense".

Los judíos estadounidenses son los equivalentes modernos de los príncipes de los cuentos de Las mil y una noches. Y aunque los "príncipes" (y "princesas") judíos no constituyan la mayoría, *per se,* de los multimillonarios o superricos de la famosa lista "*Forbes* 400", su riqueza combinada sin duda rivaliza (y muy probablemente supera) la de la élite no judía.

De hecho, las élites judías están vinculadas por su devoción a los intereses judíos, como confirman a menudo las fuentes citadas en estas páginas.

Es difícil medir la riqueza o la "influencia" (sea lo que sea eso), pero los hechos recogidos en estas páginas demuestran, más allá de toda sombra de duda, que la élite judía estadounidense -la nueva élite estadounidense- posee una riqueza y una influencia que supera con creces su número, en muchos, muchos sentidos.

El reconocimiento del poder judío -o, nos atreveríamos a decir, el "rechazo" del poder judío- es un asunto bipartidista. Se ha oído a muchos conocidos cargos electos estadounidenses y a otros responsables políticos hacer comentarios francos sobre el poder judío:

James Baker, Secretario de Estado del Presidente George Bush, dijo supuestamente a un colega durante una discusión confidencial: "Los judíos nos importan un bledo. De todas formas, no nos votan". Estas palabras se publicaron como titular en un periódico israelí, que como era de esperar lo retrató como antisemita. Pero Baker, sin saberlo, se hacía eco de otros. Durante el debate sobre el AWACS, la Casa Blanca de Reagan se puso en contacto con Gerald Ford. En una conversación telefónica con un senador republicano que había sido descubierto (en una cena con líderes judíos, pero Ford no lo sabía), el ex presidente preguntó: "¿Vamos a dejar que estos malditos judíos dirijan la política exterior estadounidense? A su vez, Ford se hizo eco del presidente Carter, que en la primavera de 1980 había dicho a algunos de sus ayudantes más cercanos: "Si vuelvo, voy a joder a los judíos".[5]

A la luz del comentario de Carter, no es sorprendente saber que William Rubenstein, un sociólogo prosionista de derechas, informó de que "una fuente muy bien situada" le dijo que "el 75 por ciento" de los "dirigentes de organizaciones sionistas estadounidenses... apoyaban a Reagan frente a Carter".[6]

En la misma línea, dado que los demócratas liberales y los republicanos conservadores a veces han encontrado un terreno común a la hora de plantear cuestiones sobre el poder judío, también podríamos recordar el comentario del famoso escritor H. G. Wells, quien señaló que: "Hay lugar para una investigación muy seria sobre la cuestión de por qué surge el antisemitismo en todos los países donde residen judíos": "Hay lugar para una investigación muy seria sobre la cuestión de por qué surge el antisemitismo en todos los países donde residen judíos".[7]

Mientras tanto, los principales medios de comunicación estadounidenses, que, como veremos -según fuentes judías- están

---

[5] Geoffrey Wheatcroft. *The Zion Controversy: Jewish Nationalism, the Jewish State, and the Unresolved Jewish Dilemma.* (Reading, Massachusetts: Addison-Wesley Publishing Company, 1996), p. 299.

[6] *La izquierda, la derecha y los judíos de* Rubenstein, citado en Lenni Brenner. *Jews in America Today* (Seacaucus, Nueva Jersey: Lyle Stuart, 1986), p. 128.

[7] Citado en Wheatcroft, pp. 340-341.

dominados en gran medida por judíos, se han centrado en el "dinero asiático" en las elecciones estadounidenses. Esto se ha convertido en un verdadero "escándalo" y en materia para los medios de comunicación. Los viejos estereotipos antiasiáticos, del tipo de los que fueron populares durante la guerra de EEUU contra Japón, vuelven a salir a relucir libremente.

A pesar de ello, grupos autoproclamados "antiodio" como la Liga Antidifamación (ADL) han tenido poco que decir al respecto. Quizá sea precisamente porque a la ADL le gusta que la atención se centre en el "dinero asiático".

Y hay una razón para ello: Los estadounidenses de origen asiático (tanto nativos como naturalizados) están diciendo en voz baja (pero los medios de comunicación no están informando) que el verdadero escándalo del "dinero extranjero" no tiene que ver con el dinero asiático, sino con la gran influencia del dinero de la comunidad judía estadounidense obsesionada con Israel y de los judíos estadounidenses que viven en Israel (por no mencionar a los propios israelíes) que quieren influir en la política exterior estadounidense hacia Israel.

En el número del 29 de enero de 1996 de la revista *New York*, el escritor Philip Weiss -que proclama a voz en grito su ascendencia judía- señala que el debate sobre el papel del dinero judío en la política se considera políticamente incorrecto. Weiss lo expresa sin rodeos: "Cuando la NRA ejerce el poder político, es un tema candente. Cuando el dinero judío desempeña un papel, hablar de ello es antisemita".[8]

No cabe duda: se trata de influencia política real. El dinero y el poder judíos ejercen una influencia muy real en la vida estadounidense.

Pero como veremos, la influencia judía en Estados Unidos va mucho más allá de lo que generalmente se conoce como "el lobby israelí" o "el lobby judío" (cuando se habla del impacto del dinero y los grupos de presión judíos en la elaboración de la política exterior estadounidense).

---

[8] Revista *New York*, 29 de enero de 1996.

La influencia judía es mucho mayor que eso, y es el secreto político más explosivo en los asuntos políticos y culturales estadounidenses de hoy.

Las posibles consecuencias de este inmenso poder judío en Estados Unidos fueron abordadas de frente por el historiador judío Benjamin Ginsberg en su notable libro *The Fatal Embrace: Jews and the State (El abrazo fatal: los judíos y el Estado)*, en el que Ginsberg aborda la cuestión:

"¿Cómo es posible que en tantas épocas diferentes y en tantos lugares distintos, los judíos hayan adquirido un estatus, una riqueza y un poder considerables, sólo para ser rechazados, expulsados o algo peor?[9]

Ginsberg explica que su propia investigación le convenció de que la célebre filósofa y escritora judía Hannah Arendt tenía razón al afirmar que el histórico y repetido ascenso y caída del pueblo judío podía entenderse mejor examinando la relación tradicional entre los judíos y los Estados-nación en los que vivían. Según Ginsberg: Los judíos solían buscar la protección del Estado. Para sus propios fines, los gobernantes solían complacerse en acoger a los judíos a cambio de los servicios que podían prestarles.

La relación entre los judíos y los Estados ha tenido importantes consecuencias y ha contribuido a construir o fortalecer algunos de los Estados más importantes del mundo moderno.

Además, esta relación ha permitido en ocasiones a los judíos adquirir un gran poder. Sin embargo, su relación con el Estado también ha expuesto a los judíos a nuevos odios y antagonismos. Para los judíos, en determinadas circunstancias, la pertenencia al Estado ha resultado fatal. Estas consideraciones no son sólo de interés histórico.

También son esenciales para comprender el pasado -y el futuro potencial- de los judíos en América.[10]

---

[9] *Benjamin Ginsberg*. The Fatal Embrace: Jews and the State (Chicago: University of Chicago Press, 1993), p. ix.

[10] *Ibid*, p. ix.

De ahí el título del libro de Ginsberg y a lo que se refiere: el "abrazo fatal" del Estado -la nación y sus mecanismos de poder político- por parte de los judíos como parte de la acumulación de enormes riquezas.

Ginsberg resumió el dilema en el que se encuentran los judíos estadounidenses y sus conciudadanos no judíos como consecuencia de la creciente influencia del poder judío en Estados Unidos. Sus palabras son realmente profundas. Ginsberg escribe Aunque los judíos han aprendido a parecerse a los demás estadounidenses, a hablar como ellos y a vestir como ellos, no están plenamente asimilados, ni en sus propias mentes ni a los ojos de sus vecinos... Para empeorar las cosas, los judíos a menudo se ven a sí mismos, en secreto o no, como moral e intelectualmente superiores a sus vecinos.

De hecho, los judíos son unos intrusos de gran éxito que a veces tienen la osadía de atacar a los demás.[11]

En este contexto, merece la pena examinar el resumen que hace el propio Ginsberg de los muchos aspectos del poder judío en América. Su resumen nos da un punto de partida sobre el que construir y examinar en detalle la naturaleza específica del poder judío en América. Ginsberg escribe

Desde la década de 1960, los judíos han adquirido una influencia considerable en la vida económica, cultural, intelectual y política de Estados Unidos. En los años ochenta, los judíos desempeñaron un papel central en las finanzas estadounidenses y figuraron entre los principales beneficiarios de las fusiones y reorganizaciones empresariales de esa década.

Hoy, aunque apenas el 2% de la población del país es judía, casi la mitad de los multimillonarios son judíos.

Los directores ejecutivos de las tres principales cadenas de televisión y de los cuatro mayores estudios cinematográficos son judíos, al igual que

---

[11] *Ibid*, pp. 8-9.

los propietarios de la mayor cadena de periódicos del país y del diario más influyente, *el New York Times*.

A finales de los años sesenta, los judíos ya representaban el 20% de los profesores de las universidades de élite y el 40% de los profesores de las facultades de Derecho de élite; hoy, estos porcentajes son sin duda más elevados.

El papel y la influencia de los judíos en la política estadounidense son igualmente notables. Los judíos fueron elegidos para cargos públicos en cantidades desproporcionadas.

En 1993, diez miembros del Senado estadounidense y treinta y dos de la Cámara de Representantes eran judíos, entre tres y cuatro veces su porcentaje en la población general.

Los judíos están aún más presentes en las organizaciones políticas y en el ámbito financiero. Un estudio reciente demostró que en veintisiete de las treinta y seis campañas para el Senado de Estados Unidos, uno o ambos candidatos recurrieron a un presidente de campaña o director financiero judío.

En el ámbito de los grupos de presión y los litigios, los judíos organizaron la que fue durante muchos años una de las organizaciones de acción política con más éxito de Washington, el Comité Americano-Israelí de Asuntos Públicos (AIPAC), y desempeñan un papel destacado en grupos de interés público tan importantes como la Unión Americana de Libertades Civiles (ACLU) y Common Cause. Varios judíos desempeñaron también un papel muy importante en la campaña presidencial demócrata de 1992.

Tras la victoria de los demócratas, el presidente Clinton nombró a varios judíos para puestos importantes de su administración.

Su papel en las instituciones económicas, sociales y políticas estadounidenses ha permitido a los judíos ejercer una influencia considerable en la vida pública del país. El indicador más evidente de esta influencia son los 3.000 millones de dólares de ayuda militar y económica directa que Estados Unidos proporciona anualmente a Israel y, de hecho, la misma cantidad que se da a Egipto desde que aceptó mantener relaciones pacíficas con Israel.

El hecho de que tres cuartas partes del presupuesto de ayuda exterior estadounidense se dediquen a los intereses de seguridad de Israel es un tributo considerable a la capacidad de presión del AIPAC y a la importancia de la comunidad judía en la política estadounidense...

Por regla general, lo que se puede y no se puede decir en público refleja la distribución del poder político en la sociedad. A medida que los judíos ganaban poder político, los políticos que empleaban tácticas antisemitas eran tachados de extremistas y exiliados a los márgenes de la política estadounidense.

Del mismo modo, los símbolos religiosos y las formas de expresión que los judíos consideran amenazantes se han eliminado casi por completo de las escuelas y otras instituciones públicas.

Las demandas interpuestas por la ACLU, organización cuyos dirigentes y miembros son predominantemente judíos, han dado lugar a sentencias de tribunales federales que prohíben las oraciones oficiales en las escuelas públicas, las guarderías y otras manifestaciones religiosas en parques y edificios públicos.[12]

Llegados a este punto -y teniendo en cuenta todo lo que hemos aprendido hasta ahora- parece oportuno debatir una cuestión muy real: "¿Por qué importa el peso económico, político y cultural acumulado por el pueblo judío en Estados Unidos

El hecho es que habrá personas -tanto "republicanos de club de campo" que rinden culto en el altar de Mammon, como autoproclamados "liberales" que se deleitan con el "éxito de las minorías", por ejemplo- que leerán este delgado volumen y responderán diciendo: "Bueno, vivimos en un país libre. Es un tributo al pueblo judío que, mediante el trabajo duro y la inteligencia, ha logrado este éxito."

En algunos aspectos, es difícil discutir esta proposición. Sin embargo, hay que subrayar que la acumulación de riqueza y poder político no significa que tal conglomerado otorgue a un grupo étnico el derecho a dominar el sistema político de una nación simplemente porque dispone

---

[12] *Ibid*, pp. 1 y 2.

de los medios para hacerlo. Y el hecho es que la élite judía estadounidense dispone ahora de los medios para hacerlo, y no duda en hacerlo.

La trágica debacle actual de Estados Unidos en Irak es un ejemplo sorprendente de cómo se ha ejercido este poder.

No afirmamos aquí que "todos los judíos estadounidenses" quisieran que Estados Unidos invadiera Irak en la primavera de 2002. Al contrario, algunos de los críticos más elocuentes de la intervención estadounidense en Iraq eran judíos estadounidenses. El hecho es que, en general, las organizaciones y personas más influyentes y mejor situadas para promover la guerra en Iraq, mediante actividades de relaciones públicas, presión mediática y presión política directa, eran judíos estadounidenses y organizaciones judías estadounidenses que actuaban específicamente en nombre de los intereses de Israel.

Este tema va mucho más allá del alcance de este libro, pero ha sido tratado en detalle en la obra anterior del autor, *Los Sumos Sacerdotes de la Guerra*. Baste decir que cuando el representante estadounidense Jim Moran (D-Virginia) declaró francamente que creía que la comunidad judía estadounidense era lo suficientemente influyente como para detener la deriva hacia la guerra, tenía toda la razón, a pesar del indignado frenesí mediático que siguió a sus comentarios.

No cabe duda de que el poder económico judío no es un tema limitado al examen de lo que burdamente podría llamarse "antisemitas".

Lo cierto es que incluso el estudio más superficial de la historia judía se centra en gran medida en la riqueza y la influencia judías. Por ejemplo, la editorial neoyorquina Schocken Books, que publica libros de interés judío, presentó su publicación de 1975, *Historia económica de los judíos*.

En este voluminoso volumen, el editor, Nahum Gross, ha señalado, con toda franqueza, que, por ejemplo, "el comercio colonial a principios de la Edad Moderna y el corretaje y la banca, especialmente la banca de inversión, en los últimos tiempos, son industrias altamente oligopolísticas, y su historia es, de hecho, la historia de un número bastante reducido de empresas líderes. La delineación de los lazos familiares y las alianzas entre estas empresas es, por tanto, muy relevante, y el historiador judío sentirá al menos curiosidad por saber quién, entre estos líderes empresariales, era judío.[13]

Por lo tanto, no es en absoluto inapropiado examinar qué judíos, qué familias judías y qué intereses financieros predominaban (o predominan) en una zona determinada, a pesar de las acusaciones de "antisemitismo".

Con respecto a la acusación de "antisemitismo" que a menudo rodea al examen de la riqueza judía, parece apropiado referirse al estudio clásico del historiador judío Bernard Lazare sobre el tema, y en particular a su investigación del "antisemitismo" estimulado por lo que él denomina "causas económicas". Lazare señala acertadamente que, debido a una serie de factores que han influido en el antisemitismo a lo largo de muchos siglos, los judíos -precisamente a causa del antisemitismo- se han visto obligados a agruparse: El judío [...] aumenta su ventaja uniéndose a sus correligionarios dotados de virtudes similares, y aumenta así sus poderes actuando en común con sus hermanos; el resultado inevitable es que superan a sus rivales en la persecución de un objetivo común [...]. Los judíos están unidos como uno solo.

Este es el secreto de su éxito. Su solidaridad es aún más fuerte por ser tan antigua. Se niega su existencia, pero es innegable. Los eslabones de la cadena se han ido forjando a lo largo del tiempo hasta que el paso de los siglos ha hecho que el hombre ignore su existencia.[14]

De este modo, quizá podamos comprender mejor y con más simpatía el origen del espíritu de clan judío -llamémoslo "esprit de corps"- que ha permitido a un grupo de personas relativamente pequeño y asediado desarrollar, mediante el trabajo en común, una poderosa clase económica, unida por su herencia religiosa y cultural. Es posible que el antisemitismo haya sido una de las fuerzas motrices de la aparición en

---

[13] Nachum Gross, Ed. *Economic History of the Jews* (Nueva York: Schocken Books, 1975). [Edición de bolsillo de 1976], p. xi.

[14] Bernard Lazare. *Anti-Semitism* (Londres: Britons Publishing Company, 1967), pp. 168-169.

Estados Unidos (y en el mundo en su conjunto) de un grupo de personas singularmente influyente.

No cabe duda de que un examen de lo que podría llamarse literatura "antisemita" se centra en el poder económico judío. Me viene inmediatamente a la mente la ahora famosa serie del industrial estadounidense Henry Ford, *El judío internacional*. La obra de Ford se centraba en los tentáculos del poder judío en una amplia gama de ámbitos económicos y culturales y causó gran consternación en la comunidad judía. Pero aunque Ford fue condenado por sus esfuerzos, hubo pocos intentos de refutar los hechos concretos expuestos en su obra.

Otros libros denominados "antisemitas" más recientes, como *Jewish Supremacism*, del controvertido político de Luisiana David Duke, se han centrado menos en el poder judío per se y más en la ideología y las enseñanzas religiosas judías. El libro de Duke se basa casi exclusivamente en fuentes judías para describir el papel que han desempeñado los intereses judíos en la configuración de los asuntos del mundo moderno desde una perspectiva geopolítica y estratégica. Ha destacado el papel preeminente de los judíos en el movimiento bolchevique en Rusia, así como la fina flor de la influencia judía detrás de la revolución social y cultural en Estados Unidos y Occidente, a menudo a expensas de los valores y perspectivas tradicionales.

Además, Duke ha llegado a ampliar su estudio examinando de cerca las enseñanzas religiosas judías que han unido más estrechamente al pueblo judío y, al mismo tiempo, han abierto brechas entre él y los demás. En última instancia, Duke considera que el pueblo judío ha buscado lo que él denomina "supremacismo judío". Aunque el pueblo judío ha establecido su propio Estado en Israel, señala Duke, parece decidido a hacer sentir su influencia en todo el mundo, creyéndose -y diciéndolo en sus propios escritos- que son supremos.

No se puede leer el libro de Duke -que está cuidadosamente documentado- sin llegar a la conclusión de que ésta es precisamente la ideología que sustenta el liderazgo de la comunidad judía en Estados Unidos (y en el mundo) en la actualidad.

Sea cual sea la causa, el antisemitismo desempeñó un papel fundamental en la formación de la mentalidad del pueblo judío. De hecho, se han visto obligados a adoptar la posición (o el estatus) de "forasteros" y han optado en gran medida por seguir siéndolo, a pesar de su estatus de élite dentro de la sociedad estadounidense. Como "forasteros", los judíos tienen una visión general de la sociedad "extraña" en la que operan y, desde esta perspectiva, han podido ver oportunidades que de otro modo serían invisibles para quienes no pueden, en el sentido convencional, "ver el bosque por los árboles".

Todo esto ha significado que, a lo largo de los siglos, los individuos judíos -trabajando dentro de una red judía- han estado en la vanguardia de la revolución económica y política y, como resultado directo, han desempeñado un papel fundamental a la hora de influir en el curso de la sociedad.

Otro factor a tener en cuenta es que los judíos han sido generalmente, casi invariablemente (con algunas excepciones), un pueblo urbano, muy alejado de la tierra y la agricultura. Por el contrario, todas las sociedades y pueblos europeos apenas distan más de una, dos o tres generaciones de la granja y su ética rural de construir y crear, de construir la civilización a partir de lo salvaje.

Este contraste patrimonial condujo inevitablemente a un conflicto entre el pueblo judío y los demás, precisamente porque, en virtud de sus tendencias urbanas, los judíos se atrincheraron en el ámbito financiero -préstamo de dinero, usura, banca, llámese como se quiera- y se convirtieron así, como era de esperar, en los árbitros del futuro de las zonas rurales.

El conflicto histórico entre la agricultura y las finanzas siempre ha sido un factor subyacente en el antisemitismo, sea cual sea el país: ya sea en Alemania o en Estados Unidos, donde el movimiento populista de finales del siglo XIX se caracterizó por una retórica antisemita bastante extendida.

Una vez más, el antisemitismo es la consecuencia directa de la oposición no judía a la influencia judía, que a su vez ha alcanzado nuevas cotas precisamente porque el pueblo judío ha formado una "dinámica de grupo" única que no se encuentra en ninguna otra formación étnica del planeta de forma tan floreciente. El antisemitismo, podríamos decir, ha engendrado, a su manera, el éxito y el poder judíos que, a su vez, han engendrado aún más antisemitismo, precisamente porque los judíos -como grupo- se han colocado en posición de moldear (si no destruir) a los no judíos cuyo futuro está literalmente en manos de los agentes del poder judíos.

En este sentido, debemos abordar el tema del "Holocausto", es decir, los acontecimientos de la Segunda Guerra Mundial que se han conmemorado continua e interminablemente en miles de libros, películas, canciones, poemas, programas de televisión y artículos de periódicos y revistas, en el medio siglo transcurrido desde el final de la conflagración mundial que provocó la muerte de incontables millones de personas, muchos más que los seis millones de judíos que, según se nos dice, perecieron a manos de un régimen nazi genocida.

Aunque un dedicado y creciente movimiento "revisionista del Holocausto" ha hecho grandes progresos al plantear serios interrogantes sobre hechos y detalles concretos de los acontecimientos de ese periodo conocido como el "Holocausto" -en gran medida gracias a los esfuerzos de Willis A. Carto y el otrora vibrante Institute for Historical Review (posteriormente destruido desde dentro por agentes al servicio de intereses judíos decididos a silenciar al Instituto), la mayoría de la gente sigue convencida de que los judíos fueron las únicas víctimas de lo que prácticamente se aclama como "la mayor tragedia de la historia", precisamente porque fue una tragedia que supuestamente tuvo como objetivo al "Pueblo Elegido de Dios". Como tal, la simpatía residual por el pueblo judío es grande, pero está empezando a menguar a medida que más y más gente, francamente, se "cansa de oír hablar del Holocausto" y toma conciencia de los continuos esfuerzos de revistas históricas revisionistas como *The Barnes* Review, que no ha tenido miedo de abordar el tema.

La repetición constante -casi cultista- de la historia del Holocausto se está convirtiendo (y algunos líderes judíos no han tenido reparo en decirlo) en una parte casi integral del "pensamiento de grupo" judío y, como consecuencia directa, está incorporada, en muchos aspectos, a la propia religión judía.

Este es otro aspecto de la mentalidad judía que hace único al pueblo judío. Aunque docenas -quizá cientos- de otros grupos étnicos, sectas y pueblos han sufrido sus propios "holocaustos" a lo largo de la historia, sólo el pueblo judío se ha dedicado con tanta devoción a conmemorar sus propias catástrofes. Al mismo tiempo, el pueblo judío (de forma organizada) ha seguido utilizando el "Holocausto" (y otras tragedias, reales o imaginarias) como mecanismo para plantear exigencias al mundo en general. Después de todo, ¿no se creó el Estado de Israel para expiar las pérdidas judías en la Segunda Guerra Mundial

Ciertamente, a fin de cuentas, el debate sobre las causas y los efectos de la cuestión del antisemitismo -o el "problema judío", como se ha conocido a lo largo de la historia- tiene muchos aspectos que van mucho más allá del alcance de este libro. Algunos "antisemitas" podrían incluso argumentar que hemos sido demasiado comprensivos con el pueblo judío, y no lo suficientemente conscientes de las actividades y actitudes judías que han creado el fenómeno del antisemitismo. Pero ese es un debate para otro momento y lugar.

Así que, para nuestros propósitos aquí, baste decir que, cualquiera que sea el origen último de la supremacía judía (al menos en las esferas de influencia económica, cultural y política en Estados Unidos), es un hecho que no se puede negar. La verdad de la supremacía judía en Estados Unidos puede encontrarse en innumerables volúmenes y en gran parte de la literatura de escritores judíos que difícilmente pueden calificarse de "antisemitas".

Con esto en mente, pasemos a examinar lo que dicen los eruditos y las autoridades judías sobre el poder judío en Estados Unidos. A modo de prefacio, sin embargo, incluimos los siguientes documentos relevantes para nuestro estudio:

- Un vistazo al ahora infame escándalo de Enron. Aunque los medios de comunicación han hecho mucho de esta debacle, incluso el examen más superficial de Enron revela aspectos ocultos del poder sionista en Estados Unidos, aunque sólo sea porque la "conexión judía" con Enron sigue siendo uno de los mayores secretos de nuestro tiempo;

- Un estudio del extraordinario caso INSLAW, un escándalo que demostró el brutal poder del lobby sionista para manipular el Departamento de Justicia de Estados Unidos y el sistema judicial federal.

- Un perfil de la "familia real" de Estados Unidos, los Bronfman, que son sin duda la más poderosa y establecida de las familias judías que reinan hoy en Estados Unidos. Los Bronfman, antiguos satélites "coloniales" del imperio Rothschild establecido desde hace mucho tiempo en Europa, son la cara a menudo espantosa del poder sionista en Estados Unidos.

- A continuación, exploramos detalles igualmente sórdidos sobre dos grandes imperios mediáticos estadounidenses cuya considerable influencia personifica el vasto alcance de la élite sionista que dirige el monopolio mediático.

- Como interesante interludio, echamos un vistazo a la poco conocida historia de Donald Trump, el extravagante magnate inmobiliario y de los casinos.

Aunque no es judío, la historia demuestra que Trump debe su fama y fortuna al patrocinio de algunas poderosas fortunas sionistas.

- Lo que sigue es un amplio resumen de los nombres, rostros e intereses financieros de las conocidas (y no tan conocidas) familias judías cuya acumulación de riqueza y poder es asombrosa. Esta es la primera vez (fuera de una pequeña revista leída sólo en los círculos más altos) que estos nombres se publican en un solo lugar - y es realmente un resumen revelador.

En conclusión, por fin llegamos al corazón de este volumen, a su fundamento mismo: datos y cifras fríos y duros sobre la realidad del poder sionista en Estados Unidos. Los detalles hablan por sí solos. No es "antisemita" ni "antijudío" presentar estos hechos, sobre todo porque las fuentes de información son (con una excepción) exclusivamente judías. Y -con la posible excepción de Lenni Brenner- ninguna de las fuentes totalmente respetables que se citan son lo que los críticos sionistas han llamado judíos "que se odian a sí mismos", un término que se ha aplicado imprudentemente a los judíos estadounidenses que se han atrevido a plantear cuestiones sobre los males del Israel sionista, como ha hecho Brenner.

Por supuesto, muchas personas se sentirán muy incómodas leyendo este libro, pero eso es sólo porque han sido víctimas de lo que se ha dado en llamar "corrección política".

La verdad es que los periódicos y revistas judíos discuten libre y abiertamente -e incluso alardean- del poder judío en Estados Unidos. Los no judíos tienen ahora la oportunidad de ver exactamente de qué han estado alardeando estas fuentes judías.

¿Es toda esta riqueza material -como afirman los filósofos judíos- realmente una afirmación de la bendición de Dios sobre el pueblo judío

¿Surgió la élite sionista -como sugieren las pruebas reunidas en este volumen- como "los que reinan supremos"? ¿Hicieron finalmente de Estados Unidos la nueva Jerusalén

¿Es bueno para América? ¿Es bueno para el mundo? ¿Pueden los no judíos participar de esta riqueza

¿Hay alguna alternativa

El lector puede emitir -y emitirá- un juicio definitivo.

Corrupción a la americana

ENRON - La poco publicitada (pero muy importante) conexión sionista

Aunque la quiebra del gigante petrolero Enron ha surgido como el primer gran escándalo financiero y político del siglo XXI -con múltiples vínculos tanto con el partido Demócrata como con el Republicano-, la muy central (y esencial) conexión judía con Enron ha pasado en gran medida desapercibida. Como veremos, algunos aspectos muy interesantes del escándalo se han mantenido fuera de la atención pública.

En este sentido, el escándalo Enron es una introducción muy apropiada a nuestro examen general del poder sionista en Estados Unidos.

Aunque el hecho de que el ejecutivo de Enron Andrew Fastow (que fue condenado, junto con su esposa, por sus fechorías) fuera judío se mencionó en algunos medios de comunicación -con el rabino de Fastow saliendo públicamente en su defensa-, las conexiones judías mucho más importantes y explosivas en torno a Enron se ocultaron casi uniformemente.

El papel de los judíos en el asunto Enron ilustra probablemente la forma en que los principales medios de comunicación suprimen la "conexión judía" en asuntos importantes de este tipo y merece ser examinado como parte de nuestro estudio del poder judío en Estados Unidos.

El hecho de que no sólo políticos de alto nivel recibieran "dinero sucio" de grandes nombres relacionados con la quiebra de Enron se ha perdido en la confusión.

Aquí tienes una historia que no leerás en ningún otro sitio.

Aunque "todo el mundo sabe" que la ahora tristemente célebre Enron llenaba las arcas de campaña de políticos demócratas y republicanos, lo que no se ha publicado en los principales medios de comunicación es que esta empresa plagada de corrupción y quienes la apoyan eran también los principales patrocinadores de la floreciente industria del Holocausto (y del lobby israelí) en Estados Unidos e Israel.

De hecho, mientras Kenneth Lay, el presidente no judío de Enron, intentaba evitar que sus empleados (e inversores) descubrieran el lamentable estado de la gigantesca corporación, Lay y su esposa Linda (y la propia Enron) financiaban un llamado "museo del Holocausto" en Houston, Texas.

De hecho, según el número del 18 de enero de 2002 de *Forward*, uno de los periódicos judíos más respetados y autorizados de Estados Unidos, los Lays y Enron "han donado cientos de miles de dólares al Museo del Holocausto de Houston, lo que representa alrededor del 10% del presupuesto de 3 millones de dólares de la institución".

Lo cierto es que Kenneth y Linda Lay estaban tan vinculados al museo que iban a actuar como copresidentes honorarios de la cena anual del museo en marzo de 2002. De hecho, la Sra. Lay era miembro del Patronato del museo.

Por su parte, los asistentes al museo protestaron diciendo que no sabían nada de los negocios de Enron, lo que probablemente sea cierto, pero la cuestión sigue siendo si los furiosos inversores y empleados de Enron empezarán a exigir que el museo devuelva el "dinero sucio" desviado por las contribuciones de Enron. Pero el vínculo entre Enron y la industria del Holocausto es aún mayor y más importante que eso.

Aunque los medios de comunicación siguen presentando a Enron como una especie de empresa de "vaqueros tejanos", lo cierto es que una familia judía multimillonaria poco conocida pero extraordinariamente rica con sede en Nueva York desempeñó un papel fundamental en la creación de Enron y fue también la principal financiadora de las actividades del Museo Conmemorativo del Holocausto de Estados Unidos en Washington.

Aunque el presidente de Enron, Kenneth Lay, ha sido el centro de atención de los medios de comunicación, hay pruebas de que Enron es en gran medida el feudo de los herederos del difunto Arthur Belfer, un inmigrante de origen polaco descrito a menudo como "superviviente del Holocausto", aunque Belfer abandonó Polonia en 1939. Belfer empezó como importador de almohadas y luego empezó a conseguir lucrativos contratos para suministrar sacos de dormir a las fuerzas armadas estadounidenses. A continuación se dedicó al negocio del petróleo y convirtió Belco Petroleum en una de las mayores empresas industriales del país.

Los críticos de la cobertura mediática de Enron han señalado que, aunque los artículos enterrados en las secciones de negocios de The *Wall Street Journal* y The *New York Times* el 5 de diciembre de 2001 destacaron el vínculo entre Belfer y Enron, el nombre de Belfer fue posteriormente relegado a un segundo plano, siendo el funcionario Kenneth Lay -esencialmente un "sicario" de la familia Belfer- el chivo expiatorio del desastre de Enron.

Aunque el nombre de Belfer no se mencionó ni una sola vez en un importante artículo *de Newsweek* que pretendía contar toda la trágica historia de Enron, resulta que los herederos de Belfer eran (en el momento en que estalló el escándalo) actores importantes en Enron, desde que Arthur Belfer vendió su empresa Belco Petroleum Corp. al predecesor de Enron en 1983.

Aunque Belfer murió en 1993, la fundación de la familia Belfer (enriquecida con los ahora controvertidos activos de Enron) ha financiado una "Conferencia Nacional para Educadores Arthur y Rochelle Belfer", que se celebra periódicamente y a bombo y platillo en el Museo Conmemorativo del Holocausto de Estados Unidos, en Washington.

Para 2002 se han programado dos conferencias de este tipo. Profesores de enseñanza media y secundaria de todo el país especializados en la "educación sobre el Holocausto" son invitados por la Fundación Belfer al Museo de Washington, donde se les forma en el proceso de adoctrinamiento de los alumnos en la tradición y la leyenda del "Holocausto".

Lo que no se puede negar -a pesar de la decisión de los medios de comunicación de esconder el nombre de Belfer bajo la alfombra- es que los nombres "Enron" y "Belfer" son prácticamente indistinguibles.

El hijo de Arthur Belfer, Robert Belfer, no es en absoluto una "parte desinteresada": forma parte del consejo de administración de Enron, pero también, y lo que es más importante, de su comité de dirección, compuesto por tres personas, junto a Lay. En un momento en que los medios de comunicación han dejado de lado a Robert Belfer, no es razonable sugerir que ignoraba la desastrosa situación de la empresa.

Los registros públicos muestran que el dinero de Belfer también se ha distribuido ampliamente entre causas judías en Estados Unidos e Israel. Robert Belfer fue elegido recientemente presidente del consejo de administración de la Facultad de Medicina Albert Einstein de la Universidad Yeshiva de Nueva York, de la que él y su esposa Renee son benefactores financieros desde hace mucho tiempo. El Sr. Belfer también forma parte de los consejos del Instituto Weizmann de Ciencias, con sede en Israel (uno de los impulsores del programa secreto israelí de desarrollo de armas nucleares), y del Comité Judío Americano, uno de los bloques más influyentes del lobby israelí en Estados Unidos.

La Sra. Belfer también es miembro del Consejo de Administración de los Amigos Estadounidenses del Museo de Israel. Las donaciones del matrimonio Belfer van más allá: también contribuyen a Thanks to Scandinavia, una iniciativa que rinde homenaje a los escandinavos que lucharon contra las potencias del Eje durante la Segunda Guerra Mundial.

Algunos han sugerido que, debido a los estrechos vínculos entre el imperio Belfer/Enron y la industria del Holocausto y el lobby israelí, los principales medios de comunicación tomaron la decisión deliberada de "disociar" el nombre de Belfer del escándalo de Enron para evitar que la notoria industria del Holocausto y el lobby israelí pasaran vergüenza.

Aunque parece que Belfer y su familia han sufrido importantes pérdidas en la debacle de Enron, *el Wall Street Journal* ha asegurado a sus lectores que la familia "no ha sido aniquilada financieramente". La hermana de Belfer, Selma Ruben, está casada con Lawrence Ruben, un promotor inmobiliario neoyorquino inmensamente rico. Otra hermana, Anita, falleció recientemente. Se dice que sus herederos perdieron enormes sumas de dinero en el asunto Enron.

Así, mientras los principales medios de comunicación se centran en la cuestión completamente irrelevante de si los políticos republicanos o los políticos demócratas (o ambos) fueron de alguna manera responsables del colapso de Enron, la familia Belfer (y aquellos en la industria del Holocausto y las causas relacionadas con Israel que prosperaron gracias a la generosidad de Enron) escapa a la atención pública.

Dadas las conexiones de Enron, quizá no sea una coincidencia que dos de las figuras clave del Congreso presentadas por los medios como "investigadores" de Enron sean el representante Henry Waxman (demócrata de California) y el senador Joseph Lieberman (demócrata de Connecticut), dos legisladores conocidos por ser fervientes partidarios de la causa de Israel.

Así pues, este breve repaso al escándalo de Enron, que recibió una cobertura mediática masiva, demuestra que, en efecto, existía una "conexión judía" oculta que, por lo demás, fue ignorada por los principales medios de comunicación audiovisuales e impresos de este país.

Los resultados finales del asunto Enron aún están por ver, por supuesto, pero el mero hecho de que existiera esta conexión judía poco conocida que fue ignorada o suprimida deliberadamente es un indicador muy revelador de que el poder sionista en Estados Unidos es tan inmenso que dicha conexión judía permanece en secreto.

En su libro antes mencionado, *El abrazo fatal*, el profesor judíoestadounidense Benjamin Ginsberg escribió con franqueza y sin rodeos sobre la frecuencia con la que se ha encontrado una "conexión judía" en una serie de grandes escándalos políticos estadounidenses, que van desde el legendario asunto Credit Mobilier en el siglo XIX hasta las intrigas geopolíticas y financieras en torno a la construcción del Canal de Panamá, por no mencionar una serie de otros acontecimientos de este tipo que han pasado a formar parte de la historia de Estados Unidos.

Y todo ello sin olvidar el clarísimo papel que las familias judías de Estados Unidos y de todo el mundo desempeñaron en el comercio transatlántico masivo de esclavos africanos, un punto ampliamente discutido por las organizaciones judías y los medios de comunicación, pero documentado de forma exhaustiva e indiscutible en la obra de referencia *The Secret Relationship Between Blacks and Jews* (*La relación secreta entre negros y judíos*), publicada por la Nación del Islam del ministro Louis Farrakhan.

Por supuesto, aunque la palabra "escándalo" no se utiliza generalmente, como debería ser, no hay duda de que la influencia sionista desempeñó un papel sustancial en la promoción de las escandalosas mentiras contadas por la administración de George W. Bush para promover la invasión estadounidense de Irak en la primavera de 2003, en la misma víspera de la fiesta judía de Purim, cuando los judíos celebran la destrucción de sus enemigos, un tipo de celebración de lo más desagradable según los estándares normales.

Sin embargo, las afirmaciones patentemente falsas sobre armas de destrucción masiva totalmente inexistentes hechas por el joven Bush y sus asesores judíos, como Paul Wolfowitz, Douglas Feith y Richard Perle, y promovidas en los medios de comunicación por sionistas de línea dura como William Kristol, fueron un fraude descarado al pueblo estadounidense (y al mundo).

Sin embargo, es muy poco probable que estos culpables -todos sionistas, judíos y no judíos- sean llevados alguna vez ante un tribunal y procesados por estos crímenes de guerra tan reales.

Y esta es la triste realidad de lo que sucede cuando el poder sionista se ha vuelto tan inmenso que los intereses del movimiento sionista están completamente entrelazados con los asuntos de una nación, lo que resulta en la flagrante corrupción institucional y la falta de principios morales que rigen en las altas esferas hoy en día. El hecho es que simplemente hay pocos límites -si es que hay alguno- al poder sionista en Estados Unidos.

Si no hay una ley que obligue a perseguir y castigar a los funcionarios públicos que mienten cuando *no* están bajo juramento (lo que, por desgracia, ocurre la mayoría de las veces), quizá debería haberla.

En resumen, el sionismo ha desempeñado un papel fundamental en algunos de los tráficos más escandalosos y lucrativos de nuestro tiempo.

Sin embargo, otro escándalo de la historia reciente de Estados Unidos, que sin duda merece la pena examinar, ofrece una oscura demostración, en el sentido más específico, de la forma en que el poder sionista se ha infiltrado y ha manipulado las más altas esferas de los organismos encargados de hacer cumplir la ley de nuestro país: el Departamento de Justicia de Estados Unidos y el poder judicial federal.

Se trata del asunto INSLAW, el siguiente tema a examinar en nuestro repaso del poder sionista en América.

El caso INSLAW

Control sionista de los tribunales y del Departamento de Justicia de EE.UU.

La fina mano de los servicios de inteligencia israelíes y su influencia al más alto nivel del Ministerio de Justicia constituyen el hilo conductor de la conspiración en el caso INSLAW.

Aunque el asunto INSLAW ha sido relegado a un segundo plano, un examen de este escándalo es totalmente apropiado si se considera el poder sionista en América. Esta es la historia.

En marzo de 1982, INSLAW, con sede en Washington, D.C., propiedad de Bill y Nancy Hamilton, consiguió un contrato de tres años y 10 millones de dólares con el Departamento de Justicia para instalar el extraordinario software PROMIS de Bill Hamilton en las 22 mayores fiscalías de Estados Unidos y una versión de tratamiento de textos en otras 72. PROMIS era un programa informático de seguimiento muy sofisticado, perfectamente adaptado para su uso por las agencias de inteligencia, diseñado para seguir la pista a personas concretas.

Mientras tanto, sin embargo, el Dr. Earl Brian, amigo desde hacía mucho tiempo del entonces Fiscal General Edwin Meese, empezó a utilizar su influencia política para interferir en el contrato de los Hamilton con el fin de conseguir el contrato para una empresa de su propiedad. Esto ocurrió después de que los Hamilton rechazaran la oferta de Brian de comprar INSLAW. Brian, que tenía muchos contactos internacionales, era ampliamente considerado como un antiguo activo de la CIA.

A principios de 1983, el Ministerio de Justicia acordó con los Hamilton hacer una demostración del PROMIS a un israelí que se hacía llamar "Dr. Ben Orr" y decía representar al Ministerio de Justicia israelí. "Ben Orr" dijo que estaba muy impresionado con el PROMIS, pero, para sorpresa de los Hamilton, nunca compró el producto.

Fue más tarde cuando los Hamilton supieron por qué: gracias a sus contactos en el Ministerio de Justicia, Earl Brian había conseguido robar el software y se lo había suministrado a LEKEM, una unidad de inteligencia electromagnética ultrasecreta del Ejército de Defensa israelí. El jefe de LEKEM era un antiguo agente del Mossad, Rafael "Dirty Rafi" Eitan. De hecho, Eitan era el "Dr. Ben Orr" que había visitado a los Hamilton.

Para entonces, ya se había revelado que Eitan era el agente del Mossad que dirigía las operaciones de espionaje en Estados Unidos del espía israelí Jonathan Pollard. Las operaciones LEKEM de Eitan habían sido financiadas en secreto por una serie de empresas offshore en las Bahamas que habían sido creadas unos años antes por el bufete de abogados Burns and Summit. Este bufete resultó ser el del Fiscal General Adjunto Arnold Burns, una pieza clave en la campaña del Departamento de Justicia para liquidar INSLAW.

Ari Ben-Menashe, antiguo oficial de los servicios de inteligencia israelíes, afirmó que PROMIS era el programa informático ideal para que los servicios de inteligencia israelíes localizaran a palestinos y disidentes políticos críticos con Israel. Dijo:

"PROMIS fue algo muy grande para nosotros, muy, muy grande. Fue probablemente el asunto más importante de la década de 1980 porque cambió toda la perspectiva de la inteligencia. Cambió toda la forma de reunir información de inteligencia". Así que Brian ha hecho un gran servicio a sus amigos israelíes.

Brian también vendió PROMIS a la Real Policía Montada de Canadá, al Servicio Canadiense de Seguridad e Inteligencia y a la inteligencia militar jordana, entre otros. En realidad, aún no se ha revelado todo el alcance de la intriga de Brian al vender PROMIS por todo el mundo.

Por supuesto, todo esto ocurría entre bastidores y sin que los Hamilton lo supieran en ese momento. Sin embargo, en 1985, después de que su software hubiera sido completamente saqueado y distribuido internacionalmente, los Hamilton descubrieron que el Departamento de Justicia estaba reteniendo más de 7 millones de dólares en pagos adeudados en virtud del contrato, lo que obligó a INSLAW a declararse insolvente. Entonces, en 1984, el Departamento de Justicia canceló abruptamente el contrato.

Mientras se enfrentaban a la quiebra y la liquidación, los propietarios de INSLAW también luchaban contra los intentos de adquisición hostil por parte del activo de la CIA Earl Brian y varios de sus aliados, incluida la empresa de Wall Street Charles Allen and Company.

En febrero de 1985, los Hamilton se acogieron al Capítulo 11 de la Ley de Quiebras ante un tribunal federal de Washington y demandaron al Departamento de Justicia por daños y perjuicios. Contrataron a Leigh Ratiner, abogado de Dickstein, Shapiro y Morin, para que les representara.

Mientras tanto, el abogado de Washington Leonard Garment -que representó al enemigo jurado de los Hamilton, "Dirty Rafi" Eitan, y a los intereses de Israel en el escándalo de espionaje de Pollard- ha aparecido en el caso INSLAW. Amigo del benefactor financiero secreto de Eitan, el fiscal general adjunto Burns, Garment era socio principal de Dickstein, Shapiro y Morin, que despidió abruptamente a Ratiner, el abogado que representaba a los Hamilton.

Posteriormente, los Hamilton determinaron que era muy probable que Eitan, figura del Mossad, hubiera transferido unos 600.000 dólares de un fondo para sobornos israelí al bufete de Garment con el fin de financiar el acuerdo de separación del bufete con Ratiner, el abogado de los Hamilton.

(Al mismo tiempo, se sabe que el propio Garment participó en la "resolución" de un caso contra Liberty Lobby, el editor de *The Spotlight,* después de que la institución populista demandara a The *Wall Street* Journal por publicar calumnias sobre Liberty Lobby, incluida una escrita por la esposa de Garment. *The Spotlight -no* por casualidad- también informó en profundidad sobre el floreciente escándalo INSLAW (más sobre esto más adelante).

A pesar de sus dificultades, los Hamiltons lograron una merecida victoria.

La conspiración del Departamento de Justicia contra INSLAW era tan obvia e indignante que en enero de 1988 el juez del Tribunal de Quiebras de EE.UU. George Bason Jr. falló a favor de los Hamilton y en contra del Departamento de Justicia. Bason concluyó que el Departamento de Justicia había intentado deliberadamente llevar a la quiebra a INSLAW para poder hacerse con el control del software y no pagar a los Hamilton el dinero que se les debía.

La decisión de Bason fue confirmada posteriormente, pero para entonces ya se le había denegado un nuevo nombramiento y había sido destituido y sustituido por S. Martin Teel, que no era otro que el antiguo abogado del Ministerio de Justicia que defendía a la justicia contra los Hamilton.

Fue después de que Bason fallara en contra del Departamento de Justicia y a favor de los Hamilton, alegando que los clientes/colegas de Teel habían robado el software PROMIS mediante "artimañas, fraude y engaño", cuando a Bason se le denegó el nuevo nombramiento y Teel fue nombrado en su lugar. Posteriormente, Bason acusó al Departamento de Justicia, en un testimonio ante el Congreso, de conspirar para obligarle a abandonar su cargo como represalia por su sentencia contra el Departamento.

Uno de los actores clave en el esfuerzo por desbancar a Bason en favor de Teel fue el entonces fiscal general adjunto Arnold Burns, un poderoso abogado con antiguos vínculos con la Liga Antidifamación (ADL) de B'nai B'rith.

Burns es también uno de los fundadores de "Nesher", un discreto e influyente grupo de unos 300 altos funcionarios y burócratas federales que se reúnen informalmente, unidos por el deseo de promover la causa sionista.

Y, no por casualidad, como ya hemos señalado, Burns fue uno de los funcionarios del Ministerio de Justicia que trabajó diligentemente para acabar con INSLAW en primer lugar.

El ex Juez Bason también planteó la cuestión de si, de hecho, Teel estaba cualificado para el ascenso, dada su escasísima experiencia en litigios concursales.

En cualquier caso, Teel fue nombrado juez de Bason, como recompensa por su contribución al encubrimiento de una conspiración corrupta que implicaba la complicidad de agentes de la CIA y del Mossad israelí.

Según los periodistas de investigación Mark Fricker y Stephen Pizzo, "el caso INSLAW se había convertido en el beso de la muerte judicial en Washington, sin que ningún juez quisiera involucrarse. Las acusaciones de INSLAW plantearon serias dudas sobre la corrupción y la anarquía en el Departamento de Justicia, y la expulsión del juez de bancarrota de EE.UU. Bason envió un mensaje escalofriante al poder judicial." El juez jefe de distrito de EE.UU. en Washington, Aubrey Robinson, dijo de otros jueces del INSLAW: "No lo tocarían ni con un palo de tres metros".

A esas alturas, los Hamilton habían empezado a atraer la atención de los medios de comunicación, gracias en parte a los esfuerzos pioneros de periodistas independientes como Harry Martin, del *Napa* (California) *Sentinel*, y *The Spotlight* y su foro de debate, *Radio Free America* (RFA), presentado por Tom Valentine.

Además del ex juez Bason y el informático Michael Riconosciuto (asociado a Earl Brian en la trama INSLAW), Bill y Nancy Hamilton, de INSLAW, fueron algunos de los invitados que acudieron a RFA para hablar del escándalo.

Los Hamilton estaban hábilmente representados en aquel momento por el ex Fiscal General Elliot Richardson (ya fallecido), que estaba profundamente disgustado y repugnado por las actividades de los funcionarios del departamento que había dirigido durante un breve período en la era Nixon.

Alertado por el creciente conocimiento público del caso, el congresista Jack Brooks (demócrata de Texas), presidente del Comité Judicial de la Cámara de Representantes, inició una investigación especial sobre el caso INSLAW. Brooks descubrió que el Departamento de Justicia, bajo la dirección del nuevo Fiscal General, Dick Thornburgh, ha dado largas sistemáticamente en un esfuerzo por mantener el caso en secreto.

Mientras tanto, el Departamento de Justicia apeló la decisión que confirmaba la sentencia del ex juez Bason a favor de INSLAW ante el Tribunal de Apelaciones de EE.UU., que en mayo de 1990 zanjó el asunto para el Departamento. El tribunal de apelaciones dictaminó que el caso de los Hamilton nunca debería haber llegado al tribunal de quiebras y desestimó su demanda, diciendo en esencia que si los Hamilton querían demandar al Departamento de Justicia, tendrían que empezar de nuevo. El tribunal no examinó el fondo de la demanda, limitándose a afirmar que el tribunal de quiebras nunca había sido el lugar adecuado para conocer del caso.

En 1991, bajo la creciente presión del Congreso, el sucesor de Thornburgh como Fiscal General, el ex funcionario de la CIA William Barr, nombró al juez federal retirado Nicholas Bua de Chicago como asesor especial interno del Departamento de Justicia para investigar la INSLAW, aunque nadie creyó realmente que el Departamento de Justicia fuera culpable de nada.

En 1992, después de que los Hamilton recurrieran ante el Tribunal Supremo, éste (como era de esperar) confirmó la decisión del tribunal inferior a favor del Ministerio de Justicia. En marzo de 1993, para sorpresa de todos, el ex juez federal Nicholas Bua presentó un informe exculpando al Ministerio de Justicia.

Finalmente, en agosto de 1997, el Tribunal de Reclamaciones Federales de Washington, D.C., falló en contra de los Hamilton y concluyó -tampoco sorprendentemente- que el Departamento de Justicia no era culpable de ningún delito en el caso INSLAW, a pesar de todas las pruebas.

Hay que señalar que durante todo el periodo en que se desarrolló el asunto INSLAW, varias personas vinculadas a INSLAW y a la investigación del escándalo empezaron a aparecer muertas.

- En agosto de 1991, la víctima más notoria de INSLAW -el periodista independiente Danny Casolaro- que trabajó con Bill y Nancy Hamilton de INSLAW y también colaboró estrechamente con el agente de la CIA y denunciante de conspiraciones de INSLAW Michael Riconoscuito, fue encontrado muerto en una habitación de motel en Martinsburg, Virginia Occidental. Aunque su muerte fue declarada oficialmente un "suicidio", el peso de la evidencia sugiere lo contrario.

- En 1992, la esposa y los tres hijos de Ian Stuart Spiro, empresario de San Diego y agente de inteligencia independiente, aparecieron asesinados. Spiro fue hallado muerto más tarde en otro lugar. Aunque las autoridades anunciaron que Spiro (que trabajaba para los servicios de inteligencia británicos e israelíes) había matado a su familia y luego se había suicidado, poca gente lo cree.

Lo que resulta interesante -a la luz de los múltiples vínculos israelíes en el caso INSLAW- es que el ayudante del sheriff retirado del condado de San Diego Tim Carroll, que fue contratado como "investigador" especial en el caso Spiro, fue durante mucho tiempo el enlace entre la oficina del sheriff y la Liga Antidifamación (ADL) de B'nai B'rith, que es un intermediario del Mossad.

No es coincidencia que Carroll también ayudara a orquestar (y participara en) la masiva (y totalmente injustificada) redada policial de 1995 en el domicilio de Willis A. Carto, el editor de *The Spotlight*, como parte de la conspiración en curso que en última instancia logró destruir el semanario populista que, en ese momento, era la única publicación nacional independiente importante que exponía el caso INSLAW.

Un jardinero mexicano, aparente testigo de los asesinatos de Spiro, también fue asesinado posteriormente.

- El periodista Anson Ng, del *Financial Times* de Londres, trabajaba con Casolaro para investigar los vínculos entre INSLAW y el blanqueo de dinero relacionado con el asunto Irán-Contra iniciado por Israel. Ng fue encontrado muerto en Guatemala en julio de 1991 con una sola bala en el pecho. Las autoridades dictaminaron que su muerte había sido un suicidio.

- Dennis Eisman, abogado del denunciante de INSLAW Michael Riconosciuto, también fue encontrado con una herida de bala en el pecho. Una vez más, se trató de un suicidio.

- En marzo de 1990, el periodista británico Jonathan Moyle, que investigaba una figura del INSLAW en Chile, apareció ahorcado en el armario de su hotel en Santiago.

- Alan D. Standorf, analista de defensa. Su cuerpo fue encontrado en el aeropuerto nacional de Washington, en el suelo de un coche, debajo de unas maletas. Había estado trabajando en un puesto secreto de escucha militar en los suburbios de Virginia.

- Michael Allen May, antiguo ayudante de Nixon, murió cuatro días después de que *el Napa Sentinel* revelara sus vínculos con el escándalo de la "sorpresa de octubre", que también implicaba a Earl Brian, conspirador de INSLAW.

La autopsia reveló que May había tomado productos farmacéuticos.

- El ingeniero Barry Kumnick desapareció tras inventar un nuevo programa informático capaz de proyectar los pensamientos y características de individuos criminales o militares y predecir su comportamiento o movimientos. El sistema de Kumnick estaba diseñado para funcionar con el programa informático PROMIS desarrollado por INSLAW.

Las pruebas descubiertas por el abogado de INSLAW, Elliot Richardson, apuntan como el autor más probable de esta serie de asesinatos y este secretismo apuntala las conexiones sionistas en el caso INSLAW.

El hecho es que Richardson y los Hamilton descubrieron que la Oficina de Investigaciones Especiales (OSI) del Departamento de Justicia, encargada de "cazar nazis", era la base de una unidad de operaciones encubiertas ultrasecreta del Departamento de Justicia y que era la OSI la verdadera responsable del robo del programa informático PROMIS de INSLAW. En un escrito fechado el 14 de febrero de 1994, el abogado de INSLAW, el ex Fiscal General de EE.UU. Richardson, hizo las siguientes espeluznantes acusaciones: El Programa de Criminales de Guerra Nazis es... una fachada del propio servicio secreto de inteligencia del Departamento de Justicia, según recientes revelaciones a INSLAW de varios altos funcionarios del Departamento de Justicia.

Una de las misiones no declaradas de este servicio secreto de inteligencia era la distribución ilegal de la versión propietaria de PROMIS, según informaciones de fuentes fiables vinculadas a la comunidad de inteligencia estadounidense.

INSLAW también obtuvo una copia de una impresión informática de 27 páginas del Departamento de Justicia titulada "Criminal Division Vendor List". La lista es en realidad una lista de organizaciones comerciales e individuos que sirven como "cortadores" para esta agencia secreta de inteligencia del Departamento de Justicia....

La agencia de inteligencia secreta del Departamento de Justicia también tiene su propia empresa "propietaria" que emplea a docenas de agentes de diversas nacionalidades, así como a personas que parecen ser empleados regulares de diversos departamentos y agencias del Gobierno de Estados Unidos o miembros de las fuerzas armadas estadounidenses, según varias fuentes.

El informe de Richardson también contiene la sorprendente sugerencia de que las pruebas sugieren que el investigador del INSLAW Danny

Casolaro fue asesinado por esta unidad secreta del Ministerio de Justicia dentro de la OSI.

Como no es ningún secreto que la OSI lleva años colaborando estrechamente con los servicios de inteligencia israelíes, es lógico concluir que la OSI y la unidad secreta del Ministerio de Justicia dentro de la OSI actúan efectivamente como agentes del Mossad.

Las ramificaciones son inmensas, entre otras cosas porque fue el propio Departamento de Justicia y funcionarios clave del Departamento de Justicia -uno de los cuales fue ascendido más tarde a juez federal de quiebras- quienes permitieron que esta conspiración sionista (y no hay otra palabra para definirla) tuviera lugar.

De hecho, el juez de quiebras en cuestión, S. Martin Teel -no se sabe si él mismo es judío- fue el único responsable del cierre de *The Spotlight*, el único semanario nacional independiente que había sacado a la luz el asunto INSLAW prácticamente desde el principio.

El 27 de junio de 2001, el Sr. Teel, que presidía entonces el procedimiento de quiebra iniciado por el editor de *The Spotlight*, Liberty Lobby, ejerció su poder arbitrario y ordenó que el semanario populista siguiera publicándose, destruyendo así el que fuera un vibrante semanario.

Aunque Teel era el único juez de quiebras de la jurisdicción de Washington D.C., nunca se le debería haber permitido conocer de la quiebra federal de Liberty Lobby. Estaba claro que tenía un flagrante conflicto de intereses y un verdadero rencor contra la institución populista y su semanario. Así fue como se puso de rodillas no sólo a INSLAW, sino también a *The Spotlight*, que, al igual que INSLAW, había sido víctima de las perniciosas intrigas del Mossad israelí y sus aliados en Washington.

Nada de esto quiere decir, por supuesto, que toda la corrupción pueda atribuirse exclusivamente a fuentes judías, ¡ni mucho menos! Pero el hecho es que la corrupción judía (en las altas esferas y afectando al proceso político estadounidense) ha existido en nuestra historia, pero los medios de comunicación y los libros de historia han desempeñado un papel importante en la supresión de la conciencia pública de la misma.

Las raíces del caso INSLAW apuntan al inmenso poder del movimiento sionista, demostrando que incluso los tribunales y el sistema de la llamada "justicia" en Estados Unidos están totalmente en manos de quienes reinan en América, La Nueva Jerusalén.

En este contexto, merece la pena examinar algunas de las familias judías más prominentes y poderosas de Estados Unidos, en particular aquellas que ejercen una influencia significativa sobre los medios de comunicación estadounidenses y que, como resultado, tienen el poder de moldear la percepción pública de la historia y los acontecimientos actuales y, en consecuencia, de dirigir el curso del proceso político estadounidense. Sigamos adelante.

La banda Bronfman

La familia real de los judíos estadounidenses Sam y Edgar Bronfman: padrinos de Al Capone y John McCain

Descrita en su día como "los Rothschild del Nuevo Mundo", la familia Bronfman -aunque oficialmente radicada en Canadá- es sin duda la proverbial "familia real" del establishment judío estadounidense, ya que la influencia de la familia está firmemente arraigada en Estados Unidos, extendiéndose desde Nueva York a Hollywood y todo lo demás.

La familia Bronfman ha contado entre sus mecenas directos e indirectos a muchas personas poderosas y famosas, desde Al Capone hasta el senador republicano John McCain.

Aunque es más conocida por su control del imperio licorero Seagram, la familia controla mucho, mucho más. En cierto modo, encarnan la "última historia de éxito judío". Representan prácticamente todo lo que está realmente mal -en el sentido clásico de la palabra- con el poder y la influencia judíos en Estados Unidos. Y aunque técnicamente no son la familia judía más rica de Estados Unidos -hay otras mucho más ricas-, los Bronfman tienen un cierto nivel de influencia y prominencia del que pocas familias pueden presumir. Después de todo, Edgar Bronfman, el patriarca reinante de la familia, ha sido durante mucho tiempo el jefe del Congreso Judío Mundial.

Y es un título que tiene peso.

Ya en 1978, el biógrafo de la familia Bronfman, Peter Newman, estimó en *La dinastía Bronfman* que el patrimonio total de las distintas ramas de la familia ascendía a unos 7.000 millones de dólares. Citaba a la revista *Fortune*, que afirmaba entonces: "La fortuna de los Bronfman rivaliza con la de todas las familias norteamericanas salvo un puñado, algunas de las cuales adquirieron su poder en el siglo XIX, cuando los impuestos no influían más en la riqueza que las cajas pobres". Desde entonces, por supuesto, los Bronfman han aumentado su riqueza y su influencia ha crecido proporcionalmente.

Al principio, según nos cuentan, el clan Bronfman emigró a Canadá bajo el patrocinio -como muchos otros- de diversas organizaciones benéficas judías bajo el dominio de la familia europea Rothschild, la gran casa financiera que ha reinado entre bastidores durante generaciones.

Sin embargo, el imperio Bronfman tal y como lo conocemos hoy en día fue fundado por Sam Bronfman, un duro hombre de negocios bucanero que, con sus hermanos, ganó millones en el comercio de licores y muchos más millones enviando su licor a Estados Unidos, donde se consumía ilegalmente durante la Ley Seca. Como resultado, la familia forjó vínculos tempranos con el sindicato del crimen estadounidense dirigido conjuntamente por Meyer Lansky, un judío de origen ruso afincado en Nueva York, y sus socios italianos, Charles "Lucky" Luciano y Frank Costello.

De hecho -y esto es probablemente un pequeño y sucio secreto que es mejor mantener en secreto- apenas hay una ciudad fronteriza en las regiones septentrionales de Estados Unidos -desde Maine hasta el estado de Washington- donde no se encuentren pequeñas fortunas familiares acumuladas por residentes que formaban parte de la red de contrabando de alcohol Bronfman-Lansky.

Y en las grandes ciudades, una "conexión" con la red Lansky-Bronfman era "imprescindible" para cualquiera que quisiera triunfar. Lo cierto es que incluso el príncipe italoamericano del crimen de Chicago, Al Capone, debió su ascenso al poder a su relación con Bronfman, otro hecho poco conocido que se ha ocultado en gran medida.

A pesar de todo el bombo y platillo que se ha dado a la supuesta "dominación" de Chicago por parte de Capone, nunca llegó a controlar más de una cuarta parte de los chanchullos de la Ciudad de los Vientos. Es más, como señaló el famoso escritor independiente sobre crímenes Hank Messick en su estudio clásico, *Secret File* (G. P. Putnam's Sons, 1969), Capone -por muy poderoso y rico que fuera- nunca ostentó un título superior al de "capo" (o "capitán") -líder de una banda de diez hombres- en las filas de la red criminal de la "mafia" italoamericana oficialmente organizada de Chicago.

Otro aspecto que a menudo se olvida en la leyenda de la "Mafia" es que, de hecho, Capone sólo pudo convertirse en miembro oficial de la Mafia después de que los jefes del crimen italoamericanos de Chicago suavizaran las normas de pertenencia a la Mafia para permitir el ingreso de algunos no sicilianos como Capone (que había nacido en Nápoles, en la Italia continental).

En realidad, Capone respondía entre bastidores a jefes mucho más importantes y herméticos con base en el Este, parte del grupo de élite que rodeaba al jefe del crimen judío Meyer Lansky, nacido en Rusia y afincado en Nueva York (que acabó trasladando sus operaciones a Miami y, durante un breve periodo muchos años después, a Israel).

Fue el grupo de Lansky, que incluía a su socio judío Benjamin "Bugsy" Siegel y a sus socios de origen italiano Costello y el legendario Luciano, quien envió a Capone (primo lejano de Luciano) a Chicago en primer lugar.

En su notable biografía de Lansky, *Meyer Lansky: Mogul of the Mob* (Paddington Press, 1979), escrita en colaboración con Lansky, los escritores israelíes Dennis Eisenberg, Uri Dan y Eli Landau completan algunos de los elementos omitidos por los biógrafos de Capone.

El propio Lansky dijo a sus biógrafos israelíes que "era Bugsy Siegel quien le conocía bien cuando Capone vivía y trabajaba en el Lower East Side.... [Era lo suficientemente amigo de Capone como para esconderle con una de sus tías" cuando Capone se metió en problemas por asesinato.

Para mantenerlo fuera de la línea de fuego de las fuerzas del orden, Lansky y compañía enviaron al joven Capone a Chicago a jugar duro con la banda de Johnny Torrio, otro antiguo neoyorquino que se había "ido al Oeste" y pretendía destronar a su propio tío, el viejo gángster "Big Jim" Colosimo, como jefe de la mafia italoamericana de Chicago.

Torrio era esencialmente el secuaz de Lansky en Chicago y Capone ascendió rápidamente en el escalafón hasta convertirse en la mano derecha de Torrio.

Hank Messick escribe que el posicionamiento de Capone "encantó" a la gente de Lansky "porque Capone era realmente su hombre". Aunque Capone acabó convirtiéndose en su propio amo en Chicago, dirigiendo docenas de chanchullos y operaciones criminales, su lealtad a sus amigos de Nueva York era tan firme que Lansky y [Luciano] sabían que siempre podían contar con él".

También vale la pena señalar que Torrio, el "jefe" inmediato de Capone en Chicago, también era el contacto en Chicago para los intereses del imperio Bronfman, con sede en Canadá, que enviaba sus productos legales a través de la frontera para el consumo ilegal de los bebedores estadounidenses de la época de la Ley Seca. Sam Bronfman y su familia colaboraron estrechamente con el sindicato de Lansky desde el principio. Así pues, el vínculo Torrio-Capone ha cerrado el círculo.

Mientras tanto, el jefe de Chicago, Colosimo, no hace nada por ganarse el favor de Bronfman, Lansky y Siegel, a los que califica de "sucios judíos".

Colosimo dijo que no podía entender por qué Luciano trataba tan estrechamente con Lansky y Siegel, afirmando que "a veces tengo la sospecha de que debe tener sangre judía en las venas", una sospecha que, a la luz del destino posterior de Luciano, como veremos, es muy poco probable.

Además, Colosimo declaró que "el contrabando no tenía futuro" y mostró poco interés en frecuentar la reserva de alcohol de los Bronfman.

Colosimo quería concentrarse en las drogas, la prostitución y la usura. Su boicot a Bronfman redujo los beneficios del sindicato de Lansky.

Ni que decir tiene que, llegado el momento, Lansky (a través de Torrio y Capone) fue a por Colosimo, que murió tiroteado por un gángster judío de Nueva York enviado para hacer el trabajo. En el fastuoso funeral de Colosimo, la corona de flores más grande llevaba una tarjeta que decía: "De los jóvenes judíos afligidos": "De los jóvenes judíos afligidos de Nueva York". Al poco tiempo, el alcohol de los Bronfman llegaba a Chicago gracias a Torrio, el secuaz de Lansky, y a su mano derecha, Capone, que pronto se convertiría en la figura "mafiosa" favorita de los medios de comunicación.

Así que cuando examinamos las fuerzas que hay detrás del gángster italoamericano más famoso del siglo XX, vemos que sus raíces están muy arraigadas en el bando Bronfman (y sionista). Y eso es noticia en sí mismo.

El actual jefe de la familia Bronfman es Edgar Bronfman, quien, además de sus numerosos negocios internacionales, es desde hace tiempo presidente del Congreso Judío Mundial, cargo desde el que ejerce una considerable influencia política.

Bronfman, por supuesto, fue el principal actor en el reciente (y todavía en curso) esfuerzo por extorsionar miles de millones de dólares a los bancos suizos por su supuesta implicación en el blanqueo del "oro judío" supuestamente robado por los nazis y por confiscar la riqueza de ciertos individuos judíos en Europa que habían ocultado sus vastas fortunas en bancos suizos antes de la Segunda Guerra Mundial.

La cuestión de cómo se acumuló esta inmensa riqueza nunca ha sido explicada por los medios de comunicación, aunque la implicación de la familia Bronfman en la polémica puede proporcionar parte de la clave.

Sabemos que los Bronfman adquirieron gran parte de su fortuna inicial antes de la Segunda Guerra Mundial en el comercio ilegal de alcohol, en conjunción con Meyer Lansky, figura del sindicato del crimen estadounidense, cuyas operaciones se extendían mucho más allá de las costas americanas.

También se sabe que Lansky era una de las figuras clave del sindicato del crimen en el uso de cuentas bancarias suizas para depositar y blanquear el producto del delito. Por lo tanto, es bastante probable que muchas de las personas que fueron detenidas y cuyas cuentas bancarias fueron incautadas fueran de hecho agentes del sindicato Lansky-Bronfman y, por lo tanto, estuvieran implicadas en actividades delictivas.

El hijo de Bronfman, Edgar Jr, puede ser tan poderoso como su padre, aunque desde una perspectiva diferente. El joven Bronfman ha tomado el control de Universal Studios y de todas las filiales de entretenimiento relacionadas que ahora forman parte del imperio Bronfman. Edgar Jr., uno de los principales actores de Hollywood y de la producción musical y cinematográfica, habría echado por tierra una importante inversión familiar al vincular a la familia con la empresa francesa Vivendi, pero en el momento de escribir estas líneas no se ha visto a ningún miembro de la familia Bronfman mendigando por las calles de Nueva York, Beverly Hills o Montreal.

Seagrams figura sistemáticamente entre los principales contribuyentes políticos a los dos principales partidos políticos de Estados Unidos. Esto es interesante en sí mismo, porque cuando, durante la campaña presidencial de 1996, Bill Clinton atacó a su oponente del GOP, Bob Dole, por aceptar contribuciones de la industria del tabaco, el hecho de que ambos partidos principales estuvieran recibiendo contribuciones sustanciales de la industria del alcohol - en particular del imperio Bronfman - parece haber pasado en gran parte desapercibido.

Una institución "americana" tan eminente como Du Pont, por ejemplo, cayó bajo el control de los Bronfman. En 1981, Du Pont, entonces la séptima empresa más grande de Estados Unidos, fue objeto de compra por parte de la familia Bronfman. De hecho, para entonces, los Bronfman ya poseían el 20% de Du Pont, una participación sustancial en sí misma, porque en el mundo de los negocios, incluso una participación de sólo el 3% en las acciones de una empresa otorga a su propietario el control efectivo de la misma. Aunque el nombre tradicional estadounidense de "Du Pont" sigue apareciendo en los documentos de la empresa y en los productos Du Pont vendidos a los consumidores estadounidenses, el verdadero poder entre bastidores es el del imperio Bronfman.

En realidad, la familia Du Pont -aunque seguía siendo muy rica, tras haber acumulado sus recursos financieros a lo largo de varias generaciones- tenía poca influencia dentro de la empresa que llevaba su apellido. Al final, los Bronfman vendieron oficialmente su participación en Du Pont, pero utilizaron sus recursos para extender su riqueza y sus tentáculos a otros lugares.

Hoy, los Bronfman son parte integrante del establishment plutocrático, no sólo en Estados Unidos, sino en todo el mundo.

Otras participaciones de Bronfman a lo largo de los años incluyen empresas tradicionalmente "americanas" como: Campbell Soup, Schlitz Brewing, Colgate-Palmolive, Kellog, Nabisco, Norton Simon, Quaker Oats, Paramount Pictures y Warrington Products (que fabricaba botas Kodiak y zapatos Hush Puppies).

Además, los Bronfman también poseían una participación en Ernest W. Hahn Company (que entonces explotaba 27 centros comerciales regionales en California y planeaba abrir 29 más) y Trizec Corp, una de las mayores empresas de promoción inmobiliaria de Norteamérica.

Los Bronfman también poseen activos considerables en lugares "inesperados" y "fuera de los caminos trillados". Por ejemplo, la empresa Cadillac Fairview, controlada por los Bronfman y dedicada al desarrollo de propiedades comerciales de alquiler, creó un centro comercial en Hickory (Carolina del Norte) y (en 1978) estaba en proceso de crear otros dos. Otra empresa de Bronfman es el Shannon Mall de Atlanta y el Galleria de Westchester, Nueva York. Además, una filial de Bronfman tiene opciones sobre el desarrollo de un centro comercial en Mississippi y otro en Connecticut.

Las empresas Bronfman también controlaban parques industriales en Los Ángeles y sus alrededores, torres de oficinas en Denver y San Francisco, y urbanizaciones en Nevada, California y Florida. Los Bronfman también se hicieron con el control del capital social de General Homes Consolidated Cos. Inc. con sede en Houston, que construye viviendas y urbaniza terrenos, y cuyas actividades se extienden hasta Mississippi y Alabama.

Durante muchos años la familia -aunque esto no es muy conocido- fue propietaria de grandes extensiones de tierra en los suburbios de Virginia que rodean Washington DC, tierras lucrativas de las que en los últimos años se ha desprendido con grandes beneficios.

A modo de recordatorio, las diversas participaciones estadounidenses de la familia Bronfman que se enumeran aquí no son en absoluto una visión general de su cartera. Y ninguna de ellas refleja ni siquiera una pequeña fracción de las participaciones de la familia Bronfman en Canadá.

Todo este poder financiero también constituye un importante poder político en los diversos estados y localidades donde se ha establecido la influencia de los Bronfman.

A este respecto, resulta especialmente interesante la influencia oculta de la familia Bronfman en el estado de Arizona, un lugar considerado por la mayoría de los estadounidenses como un paraíso de vaqueros, cactus y grandes espacios abiertos, un bastión conservador libre de la corrupción y las intrigas que se encuentran en grandes ciudades como Nueva York, Miami, Chicago y Los Ángeles. De hecho, Arizona está a la altura de las grandes capitales del crimen, y este estatus tan desagradable está directamente relacionado con la influencia de la familia Bronfman en Arizona.

La influencia de la familia Bronfman en Arizona es tan fuerte que es justo decir que los Bronfman son nada menos que los "padrinos" de la carrera política del "reformista" más conocido de Estados Unidos, el senador por Arizona John McCain. Esta es la historia:

En 1976, Don Bolles, periodista comprometido de Phoenix, fue asesinado por un coche bomba tras escribir una serie de artículos en los que exponía los vínculos con el crimen organizado de un gran número de personalidades de Arizona, entre ellas Jim Hensley.

Cinco años después, "Honest John" McCain llegó a Arizona como nuevo marido de la hija de los Hensley, Cindy. "Desde el momento en que McCain aterrizó en Phoenix, los Hensley han sido los principales patrocinadores de su carrera política", según Charles Lewis, del Center for Public Integrity. Pero lo cierto es que las personas que están detrás de la fortuna de los Hensley son aún más interesantes y controvertidas.

Aunque es bien sabido que el suegro de McCain es el propietario del mayor distribuidor de cerveza Anheuser-Busch en Arizona -uno de los mayores distribuidores de cerveza del país-, los principales medios de comunicación no han dicho nada sobre los orígenes de la fortuna Hensley que financió el ascenso de McCain al poder. La fortuna Hensley no es más que una rama regional del imperio de contrabando y chantaje de la dinastía Bronfman.

El suegro de McCain empezó como secuaz de un tal Kemper Marley que, durante unos cuarenta años, hasta su muerte en 1990 a los 84 años, fue el jefe político indiscutible de Arizona entre bastidores. Pero Marley era mucho más que una máquina política. De hecho, también era el hombre fuerte del sindicato del crimen de Lansky en Arizona, el protegido del inquilino de Lansky, el jugador de Phoenix Gus Greenbaum.

En 1941, Greenbaum había creado Transamerica Publishing and News Service, que operaba una agencia nacional de noticias para corredores de apuestas. En 1946, Greenbaum traspasó las operaciones diarias a

Marley, mientras Greenbaum se concentraba en la construcción de casinos gestionados por Lansky en Las Vegas, desplazándose hasta allí desde su casa de Phoenix. De hecho, Greenbaum era una parte tan integral del imperio Lansky que fue él quien se hizo cargo de los intereses de Lansky en Las Vegas en 1947, después de que Lansky ordenara la ejecución de su viejo amigo, Benjamin "Bugsy" Siegel, por malversar los beneficios de la mafia en el nuevo casino Flamingo.

Greenbaum y su esposa fueron asesinados por la mafia en 1948, degollados. El asesinato desencadenó una serie de guerras entre bandas en Phoenix, pero Marley sobrevivió y prosperó.

Durante este periodo, Marley estableció el monopolio de la distribución de alcohol en Arizona. Según Al Lizanitz, jefe de relaciones públicas de Marley, fue la familia Bronfman la que metió a Marley en el negocio de los licores. En 1948, unos 52 empleados de Marley (entre ellos Jim Hensley) fueron encarcelados por infringir la ley federal de bebidas alcohólicas, pero no Marley.

En Arizona se dice que Hensley se hizo pasar por Marley y que, cuando salió de la cárcel, Marley le devolvió su lealtad creándole una empresa de distribución de cerveza. Hoy, esta empresa de distribución de cerveza, de la que se dice que vale unos 200 millones de dólares, ha financiado en gran medida la carrera política de John McCain. El apoyo de la red Bronfman-Marley-Hensley desempeñó un papel clave en el ascenso de McCain al poder.

Pero eso no es todo. El suegro de McCain también se dedicaba a las carreras de perros, y aumentó la fortuna de su familia vendiendo su canódromo a una persona vinculada a la empresa Emprise, con sede en Buffalo, dirigida por la familia Jacobs.

La familia Jacobs era la principal distribuidora del licor Bronfman introducido de contrabando en Estados Unidos durante la Ley Seca y controlaba el "grifo" del licor Bronfman en manos de bandas locales que formaban parte del sindicato de Lansky. Creciendo a lo largo de los años, comprando hipódromos y canódromos y desarrollando concesiones de comida y bebida en los estadios, los negocios de la familia Jacobs han sido descritos como "probablemente la mayor tapadera cuasi legítima para el blanqueo de dinero del crimen organizado en Estados Unidos".

Aunque no se puede responsabilizar personalmente a John McCain de las fechorías de su suegro, lo cierto es que este "reformista" debe su fortuna política y financiera a las buenas gracias de los nombres más importantes del crimen organizado. Así que no es de extrañar que hoy en día la industria del juego de Las Vegas sea uno de los principales beneficiarios financieros de McCain. Este breve resumen es sólo la punta del iceberg, pero dice mucho sobre McCain y el entorno político que lo engendró, sobre todo a la luz de la destacada posición de McCain como uno de los principales aguadores de Israel en el Congreso.

Y a la luz del libro de este autor sobre el asesinato del presidente John F. Kennedy, el libro *Juicio Final*, que sostiene que el servicio de inteligencia israelí, el Mossad, desempeñó un papel importante junto a la CIA en el asesinato del presidente Kennedy, precisamente debido a la obstinada oposición de JFK al deseo de Israel de construir armas nucleares de destrucción masiva, vale la pena señalar para que conste que las huellas dactilares del rico mecenas de Israel, Sam Bronfman, miembro del sindicato de Lansky, se encuentran en toda la conspiración del asesinato de JFK.

No sólo era Louis Bloomfield, secuaz de Bronfman desde hacía mucho tiempo, presidente de la empresa Permindex, patrocinada por el Mossad (que contaba entre sus directores nada menos que con el empresario de Nueva Orleans Clay Shaw, acusado por el ex fiscal de Nueva Orleans Jim Garrison por su implicación en el asesinato de JFK), sino que nuevas pruebas indican que Jack Ruby, figura de la mafia de Dallas, estaba en realidad en nómina de Bronfman, ¡un pequeño detalle interesante en sí mismo

Además, mientras otro asociado de Bronfman en Dallas, el petrolero Jack Crichton, rondaba a la viuda de Lee Harvey Oswald tras el asesinato de JFK, otro funcionario de Bronfman -el "superabogado" John McCloy- formaba parte de la Comisión Warren. McCloy era director -y Crichton vicepresidente- de Empire Trust, una sociedad financiera controlada en parte por la familia Bronfman.

Y aunque Sam Bronfman es más conocido por su imperio de bebidas alcohólicas Seagrams, lo que muchos investigadores de JFK que señalan con el dedo a los "barones del petróleo de Texas" no tienen en cuenta es que Sam Bronfman era él mismo un barón del petróleo de Texas, habiendo comprado Texas Pacific Oil en 1963. Ya en 1949, Allen Dulles, que más tarde se convertiría en el director de la CIA destituido por JFK y que también fue miembro de la Comisión Warren, actuó como abogado en los asuntos privados de la hija de Bronfman, Phyllis.

Aquellos interesados en la historia completa deben consultar *Juicio Final*, ahora en su sexta edición de 768 páginas completamente documentada. En última instancia, el asesinato de JFK es sin duda el acontecimiento central que permitió al poder sionista alcanzar cotas sin precedentes en la vida estadounidense tal como la conocemos hoy.

En resumen, los Bronfman no sólo tienen el poder de hacer presidentes americanos, también tienen el poder de romperlos. Y eso es poder de verdad. Los Bronfman son la "primera familia" -nos atreveríamos a decir "la familia real"- del establishment judío y sionista estadounidense.

Alrededor de la dinastía Bronfman gravitan, como satélites, una amplia gama de otras poderosas familias sionistas que, a su vez, tienen sus propias familias satélites y sus propios intereses financieros.

El caso de Mortimer Zuckerman, originalmente un operador inmobiliario de Boston, es un buen ejemplo de cómo funciona todo esto.

El temprano éxito de Zuckerman se debió a sus conexiones empresariales con la familia Bronfman, que le permitieron convertirse en un actor importante de la comunidad sionista. Llegó a ser propietario de publicaciones como las prestigiosas *Atlantic Monthly* y *U.S. News and World Report* -dos importantes medios de comunicación- y, posteriormente, de publicaciones menos augustas pero no por ello menos influyentes, *como el New York Daily News*. Zuckerman llegó a ser Presidente de la Conferencia de Presidentes de las Principales Organizaciones Judías Estadounidenses, un cargo ciertamente influyente.

Más tarde, sin embargo, Zuckerman empezó a "salar" a la comunidad sionista con sus propios ingresos y proporcionó ayuda y apoyo a un prometedor joven promotor y empresario de Washington, D.C., Daniel Snyder, que en pocos años fue capaz de amasar suficiente capital para hacerse con el control del famoso equipo de fútbol americano Washington Redskins, incluso del hijo de su legendario propietario de toda la vida, Jack Kent Cooke. En última instancia, puede decirse que Snyder es un satélite de Zuckerman, que a su vez es un satélite de

Bronfman, cuya familia originalmente debía su patrocinio a las organizaciones benéficas de la notoria familia europea Rothschild. Todo es muy circular.

La verdad es que las familias sionistas más poderosas de Estados Unidos llevan mucho tiempo colaborando estrechamente -de una forma u otra- y en los siguientes documentos examinamos algunas de las más poderosas de estas familias y los intereses financieros con los que están asociadas.

Dos gigantes de los medios de comunicación

Los imperios Meyer-Graham y Newhouse

Si la familia Bronfman es la "familia real" dentro de la comunidad sionista estadounidense, hay sin duda un puñado de otras que se le acercan en riqueza y poder.

Sin embargo, dado el papel esencial que desempeña el control de los medios de comunicación en el fortalecimiento del poder de la élite sionista, parece apropiado comenzar nuestro estudio de las otras grandes familias sionistas estadounidenses centrándonos en dos de las más prominentes, cuyo peso particular se deriva de su inmensa influencia sobre una amplia gama de medios de comunicación impresos y audiovisuales en todo Estados Unidos.

No nos referimos al más conocido clan Sulzberger, que controla el mundialmente famoso (algunos dirían "infame") imperio mediático *del New York Times*, sino a la familia Meyer-Graham, famosa por el *Washington Post,* y a la familia Newhouse -considerada la 25ª familia más rica de Estados Unidos (según la lista *Forbes* 400 de 2004)-, que preside un vasto imperio mediático que abarca ciudades y comunidades grandes y pequeñas.

Sin embargo, como digresión importante, probablemente merezca la pena señalar qué medios de comunicación controlan exactamente los Sulzberger a través de su imperio *del New York Times*. De hecho, aunque el Times es sin duda uno de los dos periódicos más poderosos de Estados Unidos, si no del mundo, el imperio mediático *del Times* abarca mucho más que el famoso diario.

He aquí un breve resumen del imperio mediático de Sulzberger, en el entendimiento de que, como ocurre con todos los hechos y cifras citados aquí, los detalles cambian constantemente a medida que los imperios mediáticos se expanden en general:

- *El New York Times*
- *Lexington (N.C.) Dispatch*
- *Lakeland (Fla.) Ledger*
- *Spartanburg Herald-Journal (en inglés)*
- *Boston Globe*
- *Gainesville (Florida) Sun*
- *Santa Barbara News-Press*
- *Ocala (Fla.) Star-Banner*
- *Noticias de Tuscaloosa (Ala.)*

Además de una participación del 50% en el *International Herald-Tribune*, la familia Sulzberger también controla el *New York Times News Service*, que suministra artículos a 650 periódicos y revistas, así como a un gran número de emisoras de radio y televisión, entre ellas:

- KFSM-TV, Fort Smith, Kan.
- WHNT-TV, Huntsville, Ala.
- WNEP-TV, Scranton, Pa.
- WREG-TV, Memphis, Tenn.
- WQEW (AM), N.Y.
- WQXR (FM), N.Y.
- WQAD-TV, Moline, Ill.
- WTKR-TV, Norfolk, Va.

Y esta lista no incluye las numerosas revistas y otras empresas editoriales en manos de este imperio mediático superrico.

Así pues, aunque los Sulzberger son quizás los más conocidos de la élite mediática sionista, la influencia de las familias Meyer-Graham y Newhouse es también considerable, y merece la pena examinarlas precisamente porque son el ejemplo de quienes reinan en Estados Unidos, la nueva Jerusalén.

EL IMPERIO MEYER-GRAHAM...

Una figura legendaria del monopolio mundial de los medios de comunicación falleció el 17 de julio de 2001. Katharine Meyer Graham, editora durante muchos años de The *Washington Post* y la revista *Newsweek* y gran dama de un imperio mediático multimillonario, murió tras una caída en Sun Valley, Idaho, unos días antes. En el momento de su accidente, la Sra. Graham -una figura de larga data en el poderoso

Grupo Bilderberg- y una serie de otras luminarias de la élite plutocrática de los medios de comunicación asistían a una reunión de alto nivel celebrada anualmente en Sun Valley que -al menos hasta el accidente de la Sra. Graham- había recibido poca o ninguna publicidad en la prensa dominante controlada por los agentes de los medios de comunicación de élite que asisten a la reunión.

Aunque no hay pruebas de que la muerte de la señora Graham, de 83 años, fuera otra cosa que un accidente, sigue habiendo dudas sobre el supuesto "suicidio" de su marido, Philip Graham, que la precedió al frente del imperio *Post*. De hecho, la muerte de Graham sentó bien a mucha gente, incluida la Sra. Graham, y evitó un gran dolor a muchas personas.

Aunque el monopolio mediático ha dedicado muchas columnas a alabar a la Sra. Graham, la historia completa de la muerte de su marido ha sido ignorada en gran medida, excepto para retratarla como una simple ama de casa que ascendió a una posición de poder a pesar de la tragedia. Hace falta un poco de historia para entender por qué alguien consideró necesario escenificar el "suicidio" de Philip Graham.

Hija del estafador de Wall Street y gran financiero sionista Eugene Meyer, que compró el *Washington Post* en 1933 -poco después de dimitir como gobernador de la Reserva Federal-, Katharine Meyer se casó en 1940 con Philip Graham, un chico pobre que llegó a ser abogado en Harvard.

Seis años más tarde, tras asumir la primera presidencia del nuevo Banco Mundial, nombrado por el presidente Harry Truman, Meyer nombró a su yerno editor y director del *Post*. En 1948, Meyer transfirió el control efectivo de las acciones del *Post* a su hija y a su marido.

Sin embargo, Katharine sólo recibió el 30% de las acciones. Su marido recibió el 70% de las acciones, cuya compra fue financiada por su suegro, que confiaba en Graham y simplemente creía que ningún hombre debía tener la carga de trabajar para su propia esposa.

Bajo la dirección de Philip Graham, el *Post* floreció y su imperio se expandió, incluyendo la compra de la entonces moribunda revista Newsweek y otras propiedades mediáticas.

Tras la creación de la CIA en 1947, Graham también forjó estrechos vínculos con la CIA, hasta el punto de ser descrito por la escritora Deborah Davis como "uno de los artífices de lo que se ha convertido en una práctica generalizada: la utilización y manipulación de periodistas por parte de la CIA", un proyecto de la CIA conocido como Operación Mockingbird. Según Deborah Davis, el vínculo con la CIA fue parte integrante del ascenso del *Post* al poder: "De hecho, el *Post* creció intercambiando información con las agencias de inteligencia". En resumen, Graham convirtió el *Post* en un eficaz e influyente canal de propaganda de la CIA.

Sin embargo, cuando Eugene Meyer murió en 1959, las desavenencias entre Graham, su esposa y su suegro, que se resistía a ceder su imperio a Graham, se acentuaron. El editor del *Post* se había hecho con una amante, Robin Webb, a la que instaló en una gran casa en Washington y en una granja a las afueras de la ciudad.

Bebedor empedernido, se dice que tenía tendencias maníaco-depresivas. En cierto modo, Graham era su peor enemigo, violento con su mujer tanto en privado como en público.

Evan Thomas (periodista *de Newsweek*) citó entonces como prueba de la inestabilidad emocional de Graham el hecho de que éste (que no era judío) "hiciera comentarios antisemitas sobre su familia política, su mujer e incluso sus hijos". En este contexto, no pasó desapercibido el hecho de que Graham fuera durante algunos años amigo íntimo del presidente John F. Kennedy, quien al mismo tiempo mantenía una amarga pugna con dirigentes de la comunidad judía estadounidense que consideraban que el presidente no apoyaba suficientemente los intereses de Israel en Oriente Próximo.

Deborah Davis, biógrafa de Katharine Graham, señaló en su libro *Katharine the Great* que Philip Graham también había empezado a atacar a la CIA: "Después de su segunda depresión, empezó a hablar de la manipulación de los periodistas por parte de la CIA. Dijo que le molestaba. Le dijo a la CIA... Se volvió contra los periodistas y los políticos, cuyo código era la confianza mutua y, curiosamente, el silencio. Se rumoreaba que Phil Graham no era de fiar".

De hecho, Graham estaba siendo vigilado por alguien: Davis señaló que uno de los ayudantes de Graham "grababa sus murmuraciones en trozos de papel".

Algunos han sugerido, sin embargo, que el legendario "colapso mental" de Graham, que se desarrolló a lo largo de los años siguientes, fue más una consecuencia de los tratamientos psiquiátricos a los que fue sometido que de ninguna enfermedad. Un autor ha especulado con la posibilidad de que Graham fuera víctima de los ahora famosos experimentos de la CIA con drogas psicotrópicas.

No cabe duda de que la escisión de Graham supuso una importante convulsión social y política en Washington, dado el inmenso poder del periódico de élite y sus estrechos vínculos con la CIA.

En su biografía de Edward Bennett Williams, amigo de Graham y abogado *del Washington Post*, el mencionado Evan Thomas escribió que

> La sociedad de Georgetown se dividió rápidamente entre la 'Gente Phil' y la 'Gente Kay'" y si "públicamente, Williams era una Persona Phil... como [Kay] descubrió más tarde, no tenía nada que temer".

Graham sorprende a Williams al declarar que no sólo tiene intención de divorciarse de Katharine, sino que quiere reescribir su testamento de 1957 y dar todo lo que 'Kay' iba a heredar a su amante, Robin Webb, privando así a Katharine de lo que la mayoría de la gente considera su derecho de nacimiento y que el padre de Katharine le había confiado.

Aunque Williams siguió rechazando la petición de divorcio de Graham, el testamento, como admitió Thomas, "era un asunto más peliagudo". En la primavera de 1963, Graham reescribió tres veces su testamento de 1957. Cada una de las revisiones de Graham en 1963 reducía la parte de su esposa y aumentaba la que destinaba a su amante. Finalmente, la última versión excluía por completo a Katharine Graham.

Se avecinaba una lucha importante y desagradable. Katharine obviamente sabía que algo pasaba porque, como informa Deborah Davis, Graham "le dijo [a su propio abogado] Clark Clifford que el acuerdo de divorcio le iba a dar el control exclusivo de The *Washington Post* y de todas las empresas del Post".

Finalmente, las cosas se descontrolaron cuando Philip asistió a una convención de editores de periódicos en Arizona y pronunció un virulento discurso en el que atacó a la CIA y reveló secretos internos sobre el Washington oficial, revelando incluso la aventura de su amigo John Kennedy con Mary Meyer, la esposa de un alto funcionario de la CIA, Cord Meyer (sin relación con Katharine Graham). Katharine voló a Phoenix y recogió a su marido que, tras forcejear, fue puesto en una camisa de fuerza y sedado. A continuación fue trasladado en avión a una exclusiva clínica psiquiátrica de Rockville, Maryland, un suburbio de Washington.

Al parecer, la mañana del 3 de agosto de 1963, Katharine Graham comunicó a sus amigos que Philip estaba "mejor" y volvía a casa. Fue a la clínica, recogió a su marido y lo llevó a su casa de campo en Virginia. Ese mismo día, mientras "Kay" dormía la siesta en su dormitorio del segundo piso, su marido fue asesinado a tiros en una bañera de la planta baja. Aunque el informe policial nunca se hizo público, la muerte se consideró un suicidio. Deborah Davis describió lo que ocurrió después: Durante el juicio testamentario, el abogado de Katharine impugnó la legalidad del testamento y Edward Bennett Williams, que deseaba conservar la cuenta *del Post*, declaró que Phil no estaba en su sano juicio cuando redactó el testamento para él. En consecuencia, el juez dictaminó que Phil había fallecido intestado. Williams ayudó a Katharine a hacerse con el control del *Post* sin mayores problemas legales y se aseguró de que el testamento final, que dejaba el *Washington Post* a otra mujer, nunca se hiciera público.

En su biografía crítica de la Sra. Graham, la Sra. Davis nunca sugirió que Philip hubiera sido asesinado, pero ha dicho en entrevistas que "se especula con que o bien [Katharine] organizó su asesinato, o bien alguien le dijo 'no te preocupes, nosotros nos ocuparemos'" y que "se especula incluso con que pudiera haber sido Edward Bennett Williams".

Bajo la dirección de Katharine Graham, *el Washington Post* se hizo más poderoso que nunca y, en 1974, desempeñó un papel fundamental en la destrucción de Richard Nixon, a quien se percibía claramente como un peligro para la CIA y la élite plutocrática.

En su libro *Katharine the Great,* que la señora Graham se esforzó por suprimir, Deborah Davis puede haber proporcionado la verdadera clave del Watergate, al afirmar que la famosa fuente del *Post* en el Watergate - "Garganta Profunda"- era casi con toda seguridad Richard Ober, la mano derecha de James Angleton, jefe de contrainteligencia de la CIA y oficial de enlace del Mossad con Israel durante mucho tiempo.

La señorita Davis reveló que Ober estaba a cargo de una oficina conjunta de contrainteligencia CIA-Israel creada por Angleton dentro de la Casa Blanca.

Desde este puesto de escucha, Ober (siguiendo instrucciones de Angleton) proporcionó al *Post* información privilegiada sobre el Watergate que contribuyó a la caída de la administración Nixon.

Dado el historial de Katharine Graham y su imperio *del Washington Post*, el cómico Art Buchwald probablemente no estaba muy desencaminado cuando dijo a la élite de Washington reunida para celebrar el 70 cumpleaños de la Sra. Graham: "Hay una palabra que nos reúne a todos aquí esta noche: "Hay una palabra que nos reúne a todos aquí esta noche. Y esa palabra es miedo".

A continuación se presenta una visión general de las enormes posesiones del imperio Meyer-Graham, lo que demuestra que esta rica familia tiene un gran dominio sobre los medios de comunicación en este país.

- *El Washington Post*

- *Newsweek*

- 50% de participación en el *International Herald Tribune*

- una participación del 50% en el servicio de prensa *Los Angles Times-Washington Post* (que proporciona información a periódicos de todo el país)

- 28% de Cowles Media Co, editor *del Minneapolis-St. Paul Star-Tribune*

- The *Gazette* Newspapers (un periódico y 15 semanarios comunitarios en Maryland)

- *Edición semanal nacional de The Washington Post*

- LEGI-SLATE Inc (base de datos en línea y publicación jurídica)

- Post-Newsweek Cable (sistemas en 15 estados)

Además, el imperio Meyer-Graham poseía al menos seis empresas de radiodifusión en ciudades estadounidenses clave:

- KPRC-TV, Houston
- WDIV-TV, Detroit
- WJXT-TV, Jacksonville, Fla.
- KSAT-TV, San Antonio
- WFSB, Hartford, Conn.
- WPLG-TV, Miami

Sin embargo, otro gran imperio mediático, el de la familia Newhouse, también merece especial atención, ya que su imperio -quizá incluso más que el de la familia Meyer-Graham o la más augusta familia Sulzberger, famosa por The *New York* Times- se extiende a ciudades más pequeñas de todo Estados Unidos.

EL IMPERIO NEWHOUSE...

El centro de Pensilvania, ahora virtual "feudo informativo" del monopolio mediático neoyorquino Newhouse -Advance Publications-, dirigido por S. I. "Si" Newhouse y su unida familia, que figuran entre los verdaderos señores de los medios de comunicación de Estados Unidos, es un ejemplo perfecto de cómo la familia Newhouse ha consolidado su poder. El fundador del imperio mediático, el difunto Sam Newhouse, se jactó una vez: "Acabo de comprar Nueva Orleans", cuando anunció la compra del influyente periódico *Times-Picayune* de la Crescent City. Está claro que esta actitud de la familia Newhouse sigue vigente hoy en día, cuando extiende cada vez más su dominio sobre los medios de comunicación de todo el país.

Descrita por Stephen Birmingham en su libro de 1984, *The Rest of Us: The Rise of America's Eastern European Jews,* como "la segunda familia judía estadounidense más rica", la familia Newhouse se ha hecho recientemente con el control de cuatro semanarios en dos condados de Pensilvania, consolidando así un virtual monopolio de la prensa en la región centro-sur de Pensilvania, colindante con Harrisburg, la capital del estado.

No contenta con poseer el influyente *Patriot News, el* único diario de Harrisburg que domina la cobertura informativa en el centro de Pensilvania, la familia Newhouse acaba de comprar la empresa local Swank-Fowler, que publica *The Perry County Time* s, *The Duncannon Record* y *The News-Sun* en el condado de Perry, así como *The Juniata Sentinel* (en el vecino condado de Juniata).

Al anunciar la venta, Robert Fowler, el respetado director de Swank-Fowler, dijo que había aceptado vender a Newhouse porque estaba "decidido a tratar sólo con personas que tengan un historial probado de ofrecer periodismo de calidad bajo control local".

(Entre paréntesis, cabe señalar que el pequeño condado de Juniata es prácticamente un bastión sionista. El mayor empleador de este pequeño condado rural es Empire Kosher Poultry, el mayor productor kosher del mundo.

(Hace unos años estalló un pequeño escándalo cuando se descubrió que Empire -que durante años había contratado a un gran número de empleados nacidos en el extranjero para trabajar en su planta del condado- empleaba a un número significativo de inmigrantes ilegales, lo que resulta aún más irónico si se tiene en cuenta el largo historial de desempleo relativamente alto del condado rural de Pensilvania).

Por desgracia, hay indicios muy claros de que el imperio Newhouse - que controla 26 periódicos en 22 ciudades, así como *Parade*, el suplemento dominical semanal que aparece en muchas otras publicaciones de todo el país- ha sido utilizado en el pasado para promover los intereses de intereses creados privados.

En 1988, el periodista Nicholas von Hoffman escribió *Citizen Cohn*, una biografía del famoso "abogado de la mafia" y "manipulador político" Roy Cohn, recordado sobre todo -al menos hasta su sonada muerte a causa del sida- como el desagradable asesor del senador Joseph R. McCarthy. McCarthy.

Sin embargo, durante años, muchos aliados de McCarthy sospecharon que Cohn había sido colocado en el círculo íntimo de McCarthy para "controlar" al turbulento senador y evitar que la investigación de McCarthy "fuera demasiado lejos" y revelara las verdaderas fuentes del movimiento comunista en Estados Unidos. De hecho, Cohn tuvo más éxito en amordazar a McCarthy de lo que muchos creen.

En cualquier caso, en su biografía de Cohn, Von Hoffman reveló que Cohn -amigo de "Si" Newhouse desde hacía mucho tiempo- utilizaba a menudo su asociación para influir en los informes de prensa de Newhouse, citando a un socio de Cohn que decía:

El vínculo [de Cohn] con Si Newhouse era muy importante... Roy me dijo una vez que... en las ciudades donde había un periódico Newhouse, era el único periódico de la ciudad, lo que significaba que el editor de ese periódico era muy influyente. Así que si alguien tenía un problema en una ciudad donde había un periódico Newhouse, Roy podía ir a Si y Si podía ir al editor, y había un miembro prominente de la ciudad que podía hacer un favor.

Según von Hoffman, el resultado de las manipulaciones de Cohn fue que: "Dada la larga asociación pública de Roy con el nombre Newhouse, la idea era transferir a Roy el poder político que conlleva tal riqueza y la propiedad de tales propiedades mediáticas.

Von Hoffman también reveló que "cuando Jesse Helms, el senador republicano conservador de Carolina del Norte, se encontró en una reñida y costosa carrera por la reelección, le pidió a Roy que invirtiera el flujo de contribuciones judías de su oponente a su campaña. Roy respondió que organizaría una reunión con Si Newhouse".

Esto indica que Newhouse es una pieza clave del poderoso lobby israelí, que lleva mucho tiempo tratando de ejercer su influencia en la escena política estadounidense, a menudo en detrimento de los intereses de Estados Unidos.

Muchos observadores políticos recordarán cómo Helms dio marcha atrás en su antigua política de "Estados Unidos primero" para convertirse en un ferviente partidario de Israel.

Von Hoffman se adentró entre bastidores para revelar el acuerdo alcanzado con el lobby israelí.

El nombre de Cohn también ha aparecido en otro contexto vinculado al lobby israelí y a los medios de comunicación estadounidenses.

Cuando el otro amigo íntimo de Cohn, William F. Buckley Jr., antiguo miembro de la CIA, demandó por difamación al semanario nacional populista *The Spotlight* -un caso que acabó con una estrepitosa derrota de Buckley en un tribunal federal de Washington-, durante el juicio se reveló que Cohn había hecho un trato secreto con la Liga Antidifamación (ADL), una fuerza clave del lobby israelí, en nombre de Buckley, para asegurarse una buena distribución en los quioscos de la revista de Buckley, *National Review*, entonces recién lanzada.

Pero eso no es todo. El abogado neoyorquino John Klotz escribió un interesante artículo para la desaparecida revista *Spy* en su número de marzo/abril de 1995 sobre la familia Newhouse.

El autor comenzó su artículo planteando una pregunta provocativa de la que otros se han hecho eco desde entonces: "¿Tiene Newhouse conocimiento culpable del asesinato de Kennedy? Durante más de 30 años, Newhouse y su imperio mediático han desempeñado un papel único en la controversia en torno a los sucesos de Dealey Plaza".

El artículo citaba varios casos en los que publicaciones de Newhouse y filiales como Random House Publishing (vendida desde entonces por Newhouse) habían desempeñado un papel en la supresión de voces discrepantes sobre la posibilidad de una conspiración en el asesinato de JFK.

En particular, Klotz citó el muy publicitado libro de Gerald Posner *Case Closed*, que retoma la tesis de la Comisión Warren de que JFK fue asesinado por un asesino solitario. El artículo concluía preguntando: "¿Qué motivó la devoción de Newhouse al encubrimiento de Kennedy? Las preguntas deberían ser: ¿Qué sabía Newhouse y cuándo lo supo? Esta acusación sobre el papel de Newhouse en el encubrimiento de la verdad sobre el asesinato de JFK es interesante al menos por dos razones:

- Se sabe que Random House ha publicado varios libros en nombre de la CIA, implicada -con razón- en el asesinato de Kennedy. Varios libros "convencionales" responsables mencionan cómo la CIA colaboró en secreto con periodistas y editoriales.

- El mencionado Cohn, colaborador del imperio Newhouse, era inversor en la oscura empresa Permindex (una tapadera de la agencia de inteligencia israelí, el Mossad). El fiscal del distrito de Nueva Orleans, Jim Garrison, investigó a Clay Shaw, miembro del consejo de administración de Permindex, por su implicación en el asesinato de JFK. Durante esta investigación, Garrison fue atacado por el periódico *The New Orleans Times Picayune*, publicado por el imperio Newhouse.

En realidad, las intrigas que rodean a la familia Newhouse son, en muchos sentidos, un reflejo de las realidades de los oscuros bajos fondos políticos de Estados Unidos. La "Conexión JFK", sin embargo, es realmente intrigante.

Todo forma parte de la historia. Lo que tiene un impacto directo en los Estados Unidos de hoy es el vasto alcance del imperio editorial Newhouse, cuyo alcance en el corazón de los Estados Unidos es quizás incluso mayor que el de cualquier otro imperio mediático. En los últimos años, la cartera de Newhouse ha incluido publicaciones como:

PERIÓDICOS NEWHOUSE:

Alabama

- *Noticias de Birmingham*
- *La prensa móvil*
- *El registro de prensa móvil*
- *El registro móvil*

Luisiana

- *El New Orleans Times-Picayune*

Michigan

- *Noticias de Ann Arbor*
- *El Flint Times*
- *Prensa de Grand Rapids*
- *Gaceta de Kalamazoo*
- *Noticias de Saginaw*
- *Times* (Bay City)

Mississippi

- *Prensa de Mississippi* (Pascagoula)
- *Mississippi Press Register* (Pascagoula) Nueva Jersey
- *Jersey Journal* (Ciudad de Jersey)
- *Star-Ledger* (Newark)
- *Times* (Trenton)

Nueva York

- *Herald-American* (Siracusa)

Ohio

- *Plain-Dealer* (Cleveland)

Oregón

- *The Oregonian*

Pensilvania

- *The Patriot-News* (Harrisburg)
- *El Centinela de Juniata*
- *Perry County Times*
- *The Duncannon Record*
- *The News-Sun* (Condado de Perry)

REVISTAS NEWHOUSE:

- *Periódicos económicos de la ciudad estadounidense* (28 semanarios económicos locales)
- Revista *Parade* (el famoso suplemento dominical)
- *Atractivo*
- *Compendio de Arquitectura*
- *Bon Apetit*
- *Casada*
- *Conde Nast Traveler*
- *Saber más*
- *Glamour*
- *Gourmet*
- *GQ*
- *Señorita*
- *Vanity Fair*
- *Vogue*
- *El New Yorker*

Está claro que la influencia de la familia Newhouse es muy importante. Es una de las familias sionistas más ricas y poderosas de Estados Unidos, y probablemente una de las más conocidas.

Sin embargo, como veremos, hay un número considerable de otras familias adineradas cuyos nombres no son tan conocidos (fuera de la comunidad judía) pero que, de hecho, desempeñan un papel fundamental en la configuración de la vida estadounidense, para bien o para mal. En la extensa sección que sigue, conoceremos a estas notables familias, muchas de las cuales quizá aparezcan por primera vez en las páginas de un libro como éste.

Las familias judías más ricas y poderosas de Estados Unidos

Los que reinan

La siguiente información se basa en gran medida en los perfiles de unas 180 familias judías con nombre propio (y a menudo interrelacionadas) publicados en un "número homenaje" especial (fechado en 1997-1998, vol. 21, n° 10) de la revista *Avenue,* con sede en Nueva York, una revista de "alta sociedad" que no tiene mucha difusión fuera del círculo de quienes gustan de leer sobre las modas y los caprichos de la élite dirigente. Este número especial, titulado "Portraits of Family Achievement in the American Jewish Community" (Retratos de logros familiares en la comunidad judía estadounidensedestacaba los nombres y las empresas de familias judías estadounidenses, centrándose en las que han participado activamente en la comunidad judía y en sus numerosas iniciativas filantrópicas y políticas.

Cabe señalar que existen literalmente cientos, si no miles, de organizaciones, fundaciones y otras entidades de la comunidad judía, con sede tanto local como nacional. Mientras que un puñado de grupos judíos como el Comité Estadounidense-Israelí de Asuntos Públicos (AIPAC) y la Liga Antidifamación (ADL) de B'nai B'rith aparecen con frecuencia en los principales medios de comunicación, principalmente en el contexto de noticias "políticas", hay muchas otras entidades de este tipo que rara vez se mencionan, salvo en los periódicos de la comunidad judía que, por supuesto, no son de lectura "diaria" para el estadounidense medio.

En lo que respecta al término "filantrópico" -tal como se utiliza aquí-, se emplea con bastante ligereza, porque la verdad es que muchas -si no la mayoría- de las familias judías son en gran medida filantrópicas sólo con organizaciones benéficas específicamente judías, aunque hay excepciones.

La lista de *Avenue* -tal como se presenta aquí- no menciona las numerosas organizaciones benéficas, tanto en Estados Unidos (de orientación judía y no judía) como en Israel, que las familias nombradas han financiado con gran éxito. Sólo hemos incluido esta información cuando una familia concreta estaba estrechamente asociada a una "causa" determinada.

También hay que señalar que la mayoría de las familias mencionadas parecen, según el informe de *Avenue*, haber creado una o más fundaciones familiares, que utilizan para apoyar diversas causas. La mayoría de estas causas -aunque no todas- son de naturaleza judía y, con bastante frecuencia, están vinculadas al Estado de Israel y a diversos organismos e instituciones israelíes.

Así pues, huelga decir -con algunas excepciones- que los nombres que aquí figuran constituyen los "más ricos entre los ricos" (y, por tanto, los más poderosos) entre la élite judía estadounidense, pero esto no quiere decir que los nombres que aquí aparecen constituyan realmente una lista oficial de los "judíos más ricos de Estados Unidos". Ni mucho menos

Hay muchos otros empresarios muy ricos, por así decirlo, de origen judío, que no aparecen en los titulares. Hay, por ejemplo, muchos delincuentes judíos ricos que prefieren pasar desapercibidos y no tratan de darse publicidad a sí mismos ni a sus donaciones a organizaciones filantrópicas judías. En este sentido, es muy poco probable que la revista *Avenue* esté dispuesta a saludar los "logros" de un delincuente judío. Por lo tanto, la lista recopilada por *Avenue* es ciertamente incompleta en este sentido.

Y para ser justos con los muchos millonarios -y quizás multimillonarios- judíos estadounidenses que no han sido honrados por la lista de "logros familiares" *de Avenue* y que no están necesariamente implicados en actos delictivos, cabe señalar que muchos de ellos han acumulado una gran riqueza pero no han buscado la aclamación pública, el reconocimiento de las revistas de sociedad ni el honor de su propia comunidad judía.

Así que, de nuevo, hay sin duda muchas, muchas otras fortunas judías estadounidenses que no se han mencionado en la lista recopilada por *Avenue*. Pero la lista recopilada por Avenue es muy completa, y en lo que respecta al registro de los principales actores -financieramente hablando- de la "alta sociedad" judía, la lista de *Avenue* es un documento valioso (francamente, el autor nunca ha visto nada tan completo).

Probablemente sea justo decir que, aunque los nombres judíos constituyen una proporción considerable de la lista anual *Forbes* 400 de las familias más ricas de Estados Unidos, una lista secundaria de lo que podría llamarse "*Forbes* 800" -es decir, una lista que comprendiera el segundo grupo de 400 familias ricas después de las 400 familias más ricas originales- incluiría sin duda prácticamente todos los nombres que aparecen en la lista de *la* revista Avenue resumida en estas páginas.

Así, aunque gran parte de la riqueza judía se acumula en la cúspide de la escala, es aún más significativa en el "entorno" mucho más amplio de las familias estadounidenses adineradas.

En cuanto a la lista, fíjese en esto: no encontrará en ella a Henry Kissinger, por ejemplo. Ciertamente rico, se mire por donde se mire, y ciertamente judío, y ciertamente poderoso, la riqueza y el poder de Kissinger han sido siempre el resultado de su evolución en la esfera de los ricos y poderosos. Kissinger es una figura política y, como tal, no es más que un funcionario bien pagado de la élite judía estadounidense y de las demás élites con las que interactúa para obtener un beneficio común.

La fama y los "logros" de Kissingers son en muchos sentidos una creación de los medios de comunicación controlados por los judíos, pero a diferencia de muchos de los que figuran en la lista de *la Avenida*, él no es uno de los propietarios de los medios como tal.

Y quizá esa sea distinción suficiente para que Kissinger no esté incluido. Aunque Kissinger forma parte de muchos consejos de administración de empresas -incluidas entidades de medios de comunicación, por cierto-, siempre ha sido más una figura pública (que resulta ser judía) que actúa como esbirro y facilitador de los verdaderos poderes entre bastidores en lugar de ser un verdadero "impulsor y agitador" por derecho propio. Sin el patrocinio de poderosos patrocinadores, Kissinger no sería más que otro pintoresco y pintoresco académico judío, de los que hay muchos.

Además, para el lector, hay otro factor que podría tenerse en cuenta: el ascenso de Henry Kissinger tuvo lugar en la esfera de la familia Rockefeller, que (aunque quizá de origen judío) siempre ha tenido sus propias agendas en diversas áreas, y no siempre necesariamente en línea con los intereses judíos como tales.

Por lo que respecta a la familia Rockefeller, hay que señalar que no existe ninguna información *sólida* en el ámbito público que indique que son de origen judío, aunque ha habido muchas especulaciones y rumores durante más de un siglo. Contrariamente a la creencia popular, la tan citada "prueba" de que "los Rockefeller son judíos" no lo es en absoluto. El rumor de que los Rockefeller son judíos proviene del hecho de que el autor Stephen Birmingham -en su libro de Harper & Row de 1971, *The Grandees*, un perfil de la historia de la élite judía sefardí estadounidense (descendiente de familias judías españolas y portuguesas)- mencionó que el nombre "Rockefeller" aparecía en un raro estudio genealógico de 1960, *Americans of Jewish Descent*, de Malcolm H. Stern.

Aunque algunas fuentes han aprovechado esta informacion y han empezado a hacer circular la historia de que esto es una "prueba" de que los Rockefeller son de origen judio, una lectura cuidadosa de *todo el libro* mostrara que los Rockefeller que si tienen sangre judia en sus venas descienden de la linea de Godfrey Rockefeller que se caso con una tal Helen Gratz, que era judia. Los miembros de su familia y sus herederos fueron educados en la Iglesia Episcopal y tuvieron poco o nada que ver con asuntos judios o israelies.

Godfrey Rockefeller pertenecía en realidad a una línea separada de la familia Rockefeller, descendiente de uno de los hermanos de John D. Rockefeller, Sr. y primo segundo de los famosos hermanos Rockefeller: Nelson, David, Laurence y John D. III. Así pues, cualquier rastro de sangre judía en los herederos de Godfrey no puede atribuirse a la rama más conocida de la familia Rockefeller.

No es un gran placer para este autor destruir el mito popular de que "los Rockefeller son judíos", ampliamente difundido por muchas personas bienintencionadas, pero los hechos sobre el origen de este rumor hablan por sí solos. No se trata, por supuesto, de sugerir que no *haya* sangre judía en las venas de los "famosos" hermanos Rockefeller, pero cualquier acusación de este tipo debería basarse en hechos, no en la interpretación errónea de una referencia pasajera en un libro.

En cuanto a la familia Roosevelt, la información ampliamente publicada sugiere que la familia Roosevelt tenía efectivamente antepasados judíos, que el apellido original era "Rossocampo", nombre que llevaban los judíos sefardíes que se encontraban entre los expulsados de España en 1620. Se dice que el nombre se cambió con el tiempo, a medida que distintas ramas de la familia se asentaban en otros lugares de Europa. Descendientes de miembros de la familia afincados en los Países Bajos -que obviamente se llamaban Rosenvelt- emigraron a Estados Unidos y el nombre acabó evolucionando hasta convertirse en el de

"Roosevelt" tal y como lo conocemos hoy. Mientras tanto, varias generaciones se casaron con no judíos y, cuando Franklin y Eleanor Roosevelt -primos que iban a convertirse en marido y mujer- se convirtieron en jóvenes ricos de la élite estadounidense, la familia abandonó sus prácticas religiosas judías.

Durante la era Roosevelt, una tabla genealógica de la familia Roosevelt, que circuló ampliamente en Europa y EE.UU., afirmaba que el apellido original era "van Rosenvelt" y que posteriormente se cambió por "Rosenvelt" y que otra cepa de la familia judía -a saber, la línea "Samuels"- se introdujo en la línea Roosevelt resultante. Por muy emocionante que esta información pudiera haber sido en su momento para muchos de los detractores de FDR, su procedencia es cuanto menos oscura, aunque muchos quisieran creerla.

Sin embargo, para una fuente de datos quizá más inmediata sobre una posible herencia judía en la familia Roosevelt -según una fuente judíapodemos recurrir al número del 5 de febrero de 1982 del *London Jewish Chronicle*, que contenía un artículo titulado "FDR 'had Jewish greatgrandmother'". El artículo, escrito por Leon Hadar, decía lo siguiente: El difunto presidente estadounidense Franklin Delano Roosevelt tenía una bisabuela judía, dijo la semana pasada Philip Slomovitz, editor del *Detroit Jewish News*, al publicar una carta que le envió hace 45 años el difunto rabino Steven Wise, ex presidente del Congreso Judío Mundial.

En su carta, el rabino Wise describe un almuerzo que su esposa tuvo con la Sra. Eleanor Roosevelt, esposa del difunto presidente (y una de sus primas lejanas), quien dijo: "A menudo, la prima Alice y yo decimos que el cerebro de la familia Roosevelt proviene de nuestra bisabuela judía", cuyo nombre era Esther Levy: "A menudo, la prima Alice y yo decimos que el cerebro de la familia Roosevelt proviene de nuestra bisabuela judía", cuyo nombre era Esther Levy.

La carta añade que la Sra. Roosevelt le había dicho [a la Sra. Wise] que "cada vez que nuestra prima Alice o yo mencionamos a nuestra bisabuela judía, la madre de Franklin se enfada y dice: "Sabes que no es así. ¿Por qué lo dices?". Según el rabino Wise, la señora Roosevelt también le dijo a su esposa: "No debes usar eso. Creo que es mejor dejar el asunto ahora".

En otra carta al Sr. Slomovitz, Franklin Roosevelt, cuyo centenario se celebra este año, escribió que sus antepasados "podían ser judíos, católicos o protestantes". El rabino Wise, muy cercano al Presidente Roosevelt, declaró que su carta al Sr. Slomovitz era "estrictamente privada y confidencial".

El editor mantuvo esta confidencia hasta la semana pasada, cuando la carta se publicó en un libro que contenía varios de sus artículos. Una de las ironías de este descubrimiento es que los nazis presentaron a Roosevelt como judío, llamándole el "judío Rosenfeld".

Así pues, si bien es posible que los nazis tuvieran razón -aunque, según , es posible que no se basaran en información que sólo conocían los propios Roosevelt-, cabe señalar que tanto Franklin como Eleanor Roosevelt eran conocidos por hacer declaraciones antijudías en privado, a pesar de que eran claramente de origen judío.

A pesar de ello, huelga decir que ambos se convirtieron en iconos de la cosmovisión judía. Sin embargo, este fenómeno pareció desvanecerse en los últimos años del siglo XX y los primeros del XXI, ya que escritores judíos agresivos afirman ahora que FDR -a pesar de su sangrienta guerra mundial contra Hitler- "no hizo lo suficiente para detener el Holocausto".

En cualquier caso, vale la pena señalar que el autor recuerda haber leído hace muchos años en la revista *American* Heritage que un investigador había encontrado información que sugería que los antepasados maternos de FDR en la familia Delano eran de ascendencia judía, un detalle interesante teniendo en cuenta que la propia madre de FDR era conocida por hacer comentarios antijudíos. El autor estaría encantado de que un investigador encontrara esta valiosa información histórica en los vastos archivos de *American Heritage, a menos que* haya sido relegada al agujero de la memoria orwelliana.

Siempre habrá rumores de que personas y familias notables tienen "sangre judía", pero los nombres que aparecen en el siguiente resumen son sin duda judíos y están orgullosos de serlo.

Son una élite estadounidense por derecho propio y se cuentan sin duda entre las familias judías más ricas y poderosas de Estados Unidos en la actualidad.

Por supuesto, esta lista no es completa ni exhaustiva, pero esperamos que sirva de valiosa referencia.

Y tenga en cuenta que, a menos que se indique lo contrario, el material descriptivo que aparece *entre comillas* en la siguiente lista es una cita DIRECTA del "Número Especial Homenaje - 1997/1998" de la revista *Avenue*.

He aquí las familias judías más poderosas de Estados Unidos, algunas conocidas y otras que conocerá por primera vez. Son realmente la "nueva élite":Los gobernantes de América - La Nueva Jerusalén...

ABESS. Miami, Florida. Controla el City National Bank de Florida. Entre sus miembros figuran Leonard Abess y Allan Abess, Jr.

ALTHEIM. Ciudad de Nueva York. Philip y Barbara Altheim controlan Forest Electric, filial de EMCOR y la mayor empresa de construcción eléctrica del mundo. Sus hijos son Marc, Jill y Gary.

ANNENBERG. Filadelfia. Dirigida durante mucho tiempo por el difunto Walter Annenberg, que fue embajador de EE.UU. en Inglaterra, nombrado por Richard Nixon. Imperio de Triangle Publications. Publica *TV Guide* y el *Philadelphia Inquirer*.

ARISON. Miami. El israelí Theodore "Ted" Arison fundó Carnival Cruise Lines. El hijo de Ted, Micky, controla ahora el imperio familiar, que incluye la línea de cruceros, hoteles, complejos turísticos y el equipo de baloncesto Miami Heat. Ted Arison ha regresado a Israel.

ARNOW-WEILER. Boston. Jack Weiler, de origen ruso, se asoció con Benjamin Swig para el desarrollo comercial, haciéndose con siete millones de metros cuadrados. Su hija Joan, su marido Robert Arnow y su hijo David dirigen ahora el imperio. Tienen un hijo, Noah.

BARNETT. Fort Worth, Texas. Dirigió los hoteles Hilton en Israel. Louis Barnett y su esposa Madlyn *(de soltera* Brachman, véase BRACHMAN) tienen un hijo, Eliot, que se dedica al desarrollo de centros comerciales. La familia también participa en el sector inmobiliario, farmacéutico y petrolero. La familia financia el Instituto Barnett de Biotecnología de la Universidad Northeastern.

BELFER. Nueva York. Refugiados de Polonia, Arthur y Rochelle Belfer fundaron la familia que ahora dirigen Robert Belfer y sus hijas Selma Ruben y Anita Saltz. Arthur Belfer se dedicaba al sector del petróleo y el gas, que más tarde evolucionó hasta convertirse en la tristemente célebre empresa Enron. Su hijo Robert fue miembro del comité ejecutivo de Enron, pero escapó a la atención de los medios de comunicación.

BELZ. Memphis. Belz Enterprises y el Grupo Hotelero Peabody (Memphis) forman parte del patrimonio familiar creado por Philip Belz, que se dedicó al sector inmobiliario y a la gestión. Su hijo Jack Belz y su esposa Marilyn dirigen el negocio familiar. Su hija Jan, casada con Andrew Groveman, se está estableciendo como miembro activo del movimiento de emigración judía soviética.

BELZBERG. Canadá-Nueva York-Israel. Sam Belzberg dirige Gibralter Capital. Esposa: Frances. Su hija Wendy (editora del influyente periódico judío *Forward)* está casada con Strauss Zelnick, director de BMG Records. Su hija Lisa está casada con Matthew Bronfman (véase BRONFMAN). La familia es una de las fundadoras originales del Centro Simon Wiesenthal. Su antiguo rabino, Marvin Heir, se trasladó de Canadá a Los Ángeles, donde fundó el Centro.

BENARD-CUTLER. Boston. Con sus socios -Heldon Adelson, Irwin Chafetz y el Dr. Jordan Shapiro- Ted Benard-Cutler dirige el grupo Interface, promotor de Comdex, feria mundial de la industria informática y de comunicaciones. Comdex fue vendida a la empresa japonesa Softbank en 1995. Benard-Cutler y Chafetz dirigen ahora GWV International, que organiza giras por Nueva Inglaterra. Benard-Cutler y su esposa Joan tienen hijos, Joel y Robert, y una hija, Ellen Colmas.

BERNHEIM. Nueva York. El corredor de bolsa Leonard Bernheim es superado socialmente por su esposa Elinor Kridel Bernheim, que se dedica a los negocios judíos en Nueva York. Sus hijos Charles y Leonard siguen los pasos de su madre.

BINSWANGER. Filadelfia. Isidore Binswanger es el fundador del Maimonides College, el primer colegio rabínico de las costas americanas. Su hijo Frank creó una gigantesca empresa inmobiliaria internacional con 20 oficinas en Estados Unidos y Canadá. También trabaja en Japón y otros países de Asia y Europa. Frank Jr. y John Binswanger participan activamente en el negocio familiar. Su hijo Robert dirige la Facultad de Educación de Dartmouth.

NEGRO. Nueva York. Leon Black fue Director General de Drexel Burnham Lambert y actualmente es Presidente de Apollo Advisors LP y su filial Lion Advisor, LP. Su esposa, Debra, desempeña un importante papel en asuntos judíos.

BLAUSTEIN. Baltimore. Louis Blaustein empezó vendiendo parafina, antes de fundar la American Oil Company (AMOCO). Su hijo y heredero Jacob fue llamado en una ocasión "el jefe titular de la comunidad judía estadounidense" y desempeñó un papel importante en los primeros años de las Naciones Unidas. Las hermanas Fanny Thalheimer y Ruth Rosenberg. Otros miembros de la familia: David Hirschhorn, Barbara Hirschhorn, Mary Jane Blaustein, Arthur Roswell, Elizabeth Roswell, Jeanne Blaustein Borko, Susan Blaustein Berlow.

BLOQUE. Nueva York. Alexander Block fundó Block Drugs, que fabrica Polident, Nytol y Sensodyne en. Su hijo Leonard, su nieto Thomas y su nieta Peggy Danziger (esposa de Richard Danziger) siguen activos en el negocio familiar.

BLOOMBERG. Nueva York. Elegido alcalde de Nueva York en 2001, Michael Bloomberg empezó en Salomon Brothers antes de crear un imperio multimedia que suministra artículos a periódicos y una cadena de televisión por satélite 24 horas directa al hogar.

BLUMENTAL. Charlotte, Carolina del Norte. Herman Blumenthal dirige la Radiator Speciality Company, que fabrica unos 4.000 productos de automoción. Él y su esposa Anita tienen tres hijos, Alan, Philip y Samuel, que participan activamente en las actividades de la empresa y en las actividades "filantrópicas" de la familia.

BRACHMAN. Fort Worth. El fundador de la familia, Leon Brachman, inició un negocio de fabricación de productos químicos y se diversificó en Computerized Business Systems, que diseña programas para pequeñas empresas. Su hijo Marshall está asociado al Comité Americano-Israelí de Asuntos Públicos (AIPAC) en Washington. Su hija Wendy vive en Israel. Madlyn, miembro de la familia, se casó con la familia Barnett de Ft. Worth (véase BARNETT).

BRAMAN. Miami. Norman Braman empezó en Filadelfia, donde creó los Keystone Discount Stores (38 tiendas). Con su esposa Irma, se retiró a Miami, donde dirige una cadena de concesionarios de automóviles. Antiguo propietario de los Philadelphia Eagles.

BROAD. Los Ángeles. Eli Broad fundó SunAmerica, Inc, una empresa de servicios financieros. Copropietario de los Sacramento Kings, también es conocido como coleccionista de arte contemporáneo.

BUTTENWIESER. Nueva York. El difunto Benjamin Buttenwieser era socio del imperio bancario Kuhn-Loeb y fue Alto Comisionado Adjunto de Estados Unidos en Alemania tras la Segunda Guerra Mundial. Su esposa, Helen, era miembro de la familia bancaria Lehman Brothers. Su hijo Lawrence es socio del bufete neoyorquino Rosenman & Colin. Su hijo Peter fue director de un instituto de Filadelfia y está relacionado con las actividades de las fundaciones Ford y Danforth (no judías). Su hijo Paul es psiquiatra y novelista en Belmont, Massachusetts.

CARDIN. La riqueza del difunto marido de Shoshana Cardin, el magnate inmobiliario Jerome Cardin, le proporcionó gran prominencia en la comunidad judía estadounidense como primera mujer presidenta de la Conferencia de Presidentes de las Principales Organizaciones Judías Estadounidenses y como presidenta de United Israel Appeal. Su hija Nina fue una de las primeras mujeres admitidas como rabina conservadora. Su hijo Sandy Cardin dirige la Fundación Schusterman en Tulsa, Oklahoma.

CARTER Se dice que Victor Carter se ha "especializado en dar la vuelta a empresas en quiebra", pero es más conocido por dirigir United Way, City of Hope e Israel Bonds. Su esposa Andrea ha participado en la Comisión de Música Country.

CHANIN. Nueva York. Los hermanos Irwin y Henry Chanin fueron importantes promotores inmobiliarios en Nueva York a principios del siglo XX. El hijo de Irwin, Marcy, y su esposa Leona Feifer Chanin (vicepresidenta primera del Congreso Judío Americano) tienen hijos: dos de ellos son abogados, James Chanin, de Oakland (California), y Ann Glazer, de Los Ángeles. Otra hija, Nancy Sneider, vive en Boca Ratón, Florida. El hijo de Irwin, Paul Chanin, reside en Aspen (Colorado), donde está la fundación familiar. Dirige el famoso restaurante Pinon's como actividad secundaria.

COHEN. Nueva Orleans. Rosalie Palter Cohen, hija del fundador de Universal Furniture, Leon Palter, fue una figura importante de la poderosa comunidad judía de Crescent City.

CONE. Una gran familia judía del Sur (descendiente de los 13 primeros hijos de Herman Cone) que se hizo rica gracias a Cone Mills, el mayor fabricante de tela vaquera del mundo.

CORWIN. Los Angeles. Bruce C. Corwin es presidente de Metropolitan Theatres Corporation, propietaria de cines y concesiones de palomitas. Financia la "conservadora" Universidad Pepperdine, situada en el elegante barrio de Malibú.

CORONA. Chicago. Henry Crown, ya fallecido, estuvo estrechamente vinculado al crimen organizado en Chicago y construyó un importante imperio inmobiliario basado en Material Service Corp, una empresa de materiales de construcción. En 1959, la familia se hizo con el control del contratista de defensa General Dynamics. La familia Crown desempeñó un importante papel en la financiación del programa secreto israelí de desarrollo de armas nucleares. Su hijo Lester es ahora el cabeza de familia. Su hijo Dan dirige Crown Cinemas.

CUMMINGS. Chicago. Nathan Cummings fundó el conglomerado de producción alimentaria más conocido por sus productos "Sara Lee". Sus tres hijos y diez nietos continúan la fundación familiar.

DAVIDSON. Detroit. William Davidson se hizo cargo de la empresa de parabrisas de su tío, que se convirtió en Guardian Industries, quinto fabricante mundial de vidrio. Propietario del equipo Detroit Pistons. El Instituto William Davidson, fundado por Davidson en la Escuela de Administración de Empresas de la Universidad de Michigan, se aventuró en las economías recién desarrolladas de Europa del Este.

DEUTSCH. Santa Mónica. Carl Deutsch dirige los servicios inmobiliarios y de gestión de la familia.

DURST. Nueva York. Joseph Durst y sus tres hijos, Seymour, David y Royal, así como sus nietos Douglas, Robert, Jonathan y Joshua, urbanizaron amplias zonas de la Tercera Avenida y el West Side de Nueva York.

EISNER. Los Angeles. Michael Eisner organizó la fusión de Capital Cities, propietaria de ABC y otras propiedades. Se hizo cargo de Walt Disney Company en 1984. Nieto del cofundador de la American Safety Razor Co.

EPPLER. Cleveland-Palm Beach. Heinz Eppler, de origen alemán, se hizo cargo de Miller-Whol y convirtió la empresa en 420 tiendas de ropa femenina, vendidas en 1984 a Petrie Stores Corporation. Su hijo David tiene su sede en Washington, D.C.

EVERETT. Descritos como "inversores privados de éxito", Henry y Edith Everett participan activamente en diversas filantropías judías. Su hijo David también participa activamente en asuntos judíos.

FEINBERG. Chicago. Rueben Feinberg es Presidente del Jefferson State Bank en Chicago.

FELDBERG. Boston. Sumner y Stanley Feinberg, primos, fundaron las tiendas T.J. Maxx (con más de 500 puntos de venta), las tiendas Hit or Miss (con 500 puntos de venta) y el catálogo Chadwick.

FELDMAN. Dallas. Jacob "Jake" Feldman, ya fallecido, fundó Commercial Metals, una importante empresa que cotiza en bolsa en Nueva York. Su hijo y heredero Robert participó activamente en la comunidad judía de Dallas.

FEUERSTEIN. Westport, Connecticut-Newport Beach, California-Los Ángeles-Nueva York. Herederos de Aaron Feurstein, propietario del imperio textil Malden Mills, que producía tejido Polartec a partir de botellas de plástico recicladas. El hermano de Aaron, Moses, fue una figura destacada del judaísmo ortodoxo estadounidense. El hijo de Moses, Morty, dirige la comunidad ortodoxa de Vancouver (Canadá).

FISHER. Nueva York. Fundada por Zachary y Lawrence Fisher, se trata de una importante familia de promotores inmobiliarios neoyorquinos.

MAX FISHER. Detroit. Importante industrial del petróleo y actor clave en los asuntos del Partido Republicano, Max Fisher mantiene desde hace tiempo relaciones comerciales con Israel y la inteligencia israelí. *La Gaceta de la Policía Nacional* (diciembre de 1974) lo describió como uno de los poderosos "hombres misteriosos" que indicaban al político republicano de Michigan Gerald Ford (futuro presidente de Estados Unidos) "qué hacer y cuándo hacerlo". (En *Juicio Final*, el estudio de este autor sobre la conspiración del asesinato de JFK, describimos la conexión Ford-Fisher -y los vínculos de Fisher con la inteligencia israelí- a la luz del papel de Ford en la Comisión Warren que ostensiblemente "investigó" el asesinato de JFK y el papel de Fisher en la investigación del asesinato de JFK.

el asesinato de JFK, pero que sirvió efectivamente para ocultar el vínculo largamente secreto entre Israel y el asesinato del Presidente). **FRIEDMAN**. Mill Valley, California. Eleanor Friedman -una de las muchas herederas de los miles de millones de Levi Strauss- y su marido, Jonathan Cohen, son los fundadores del New Israel Fund, considerada una de las fundaciones "liberales" que defienden causas de izquierdas en Israel, como los derechos de la mujer, el pluralismo religioso y la mejora de las relaciones con los palestinos cristianos y musulmanes.

GERBER. Chicago. Max Gerber fundó la Gerber Plumbing Fixtures Company, hoy controlada por su hija Harriet Gerber Lewis y sus hijos, Alan e Ila.

GIDWITZ. Chicago. Gerald Gidwitz es presidente de Helene Curtis, empresa de productos de cuidado personal. Su hijo Ronald es presidente de la empresa, que fue comprada por Unilever en 1996. La familia también es propietaria de Continental Materials Corporation, que fabrica equipos de calefacción y refrigeración.

GODCHAUX. Nueva Orleans. Herederos de Godchaux Sugar, en su día el mayor productor de azúcar de Luisiana, y de los famosos grandes almacenes Godchaux' de Nueva Orleans. Los miembros de la familia están repartidos por todo Estados Unidos.

O. Los Ángeles. Stanley Gold dirige Shamrock Holdings, una sociedad de inversión diversificada asociada a los herederos de Disney. Es uno de los principales inversores de Koor Industries, la mayor empresa industrial de Israel. El Sr. Gold tiene un hijo, Charles, y una hija, Jennifer.

GOLDSMITH. Nueva York. Varios hijos de Grace, esposa del corredor de bolsa Horace Goldsmith -James, William y Thomas Slaughter- controlan la fundación creada gracias a la generosidad de Goldsmith. Richard y Robert Menschel -dos banqueros de Goldman Sachs que son primos- también participan en los negocios de la familia.

GOLDENBERG. Filadelfia. Herederos de una fortuna en confitería y barras de chocolate, que produce Goldenberg Peanut Chew, el único producto de la empresa. Entre los miembros de la familia figuran Carl, Ed y David.

GOTTSTEIN. Alaska. Barney Gottstein. Dirige Carr Gottstein Foods, con sede en Anchorage, la mayor empresa de Alaska, que opera en supermercados, venta al por mayor de comestibles e inmobiliaria. Fue vicepresidente nacional de AIPAC, el grupo de presión israelí, y formó parte del Comité Nacional Demócrata. Su hijo Robert colabora estrechamente con el evangelista cristiano proisraelí Pat Robertson para promover causas judías.

GRASS. Scranton, Pensilvania. Alex Grass llevó el Centro de Descuentos Thrift del pequeño estado de Keystone City al siguiente nivel y creó más de 2.700 farmacias Rite Aid en 23 estados, con filiales como Auto Palace (recambios de automóviles), Concord Custom Cleaners, Encore Books y Sera-Tec Biologicals. Fue Presidente de la Universidad Hebrea de Israel. Entre sus hijos figuran Martin y Roger.

ALAN GREENBERG. Nueva York. Alan "Ace" Greenberg fue Presidente de Bear Stearns y ha participado en muchas causas judías.

MAURICE GREENBERG. Nueva York. Conocido como "Hank" Greenberg, este barón de los seguros se hizo con el control de American International (AIG) y desarrolló una intensa actividad en Extremo Oriente. Desempeña un papel destacado en el influyente Consejo de Relaciones Exteriores. Sus hijos son Jeffrey, Evan, Lawrence "Scott" y su hija Cathleen.

GRUSS. Nueva York. Joseph Gruss se dedicó a la exploración de petróleo y gas en Texas, Oklahoma y Wyoming y fundó Gruss & Company, que se dedica a fusiones y adquisiciones de petróleo y gas. El marido de su hija Evelyn, Kenneth Lipper, abogado, es banquero de inversiones y ex teniente de alcalde de finanzas de Nueva York. Su hijo Martin se dedica a las carreras de caballos.

GUMENICK. Miami. Nathan Gumenick construyó y fue propietario de 10.000 pisos y 500 viviendas en Miami, convirtiéndose en el primer promotor inmobiliario de gran altura de la meca judía del retiro. Fue uno de los principales promotores del Museo Conmemorativo del Holocausto de Estados Unidos durante su desarrollo. Su hijo Jerome participa activamente en la comunidad judía de Richmond, Virginia.

HAAS. Los miembros de esta familia inmensamente rica son herederos de la fortuna de la confección Levi-Strauss. En total, la riqueza combinada de los distintos miembros de la familia les convierte sin duda en la familia más rica del país.

HALPERN Sam Halpern y su hermano Arie, inmigrantes de origen polaco llegados a Estados Unidos, estaban muy implicados en la construcción de hoteles resort en Israel. Es evidente que los Halpern acumularon su fortuna en el mercado negro de la Unión Soviética y luego en el sector de la construcción en Estados Unidos.

HASSENFELD. Nueva York-Rhode Island. Herederos del imperio Hasbro, productor de Mr. Potato Head y GI Joe, la mayor empresa juguetera del mundo. Miembros de la familia: Alan y Harold.

HASTEN. Indianápolis, Indiana. Hart y Mark Hasten han desarrollado una cadena de 1.500 centros de convalecencia y han participado en los sectores bancario e inmobiliario, incluido el holding familiar Hasten Bancshares, Inc. Hart es próximo al bloque Likud de Israel.

HECHINGER/ENGLAND. Washington, D.C. Nacidos de la cadena de ferreterías Hechinger en la región de la capital nacional, John Hechinger y Ross Hechinger. Richard England se casó en el seno de la familia Hechinger. Su hijo Richard formó parte del comité ejecutivo del Comité Americano-Israelí de Asuntos Públicos (AIPAC).

GOTTESFELD HELLER Fanya Gottesfeld Heller, viuda del inversor Joseph Heller, es famosa no sólo por la generosidad de su marido, que distribuye entre causas judías, sino también por haber escrito unas memorias muy elogiadas sobre sus años como "superviviente del Holocausto" nacida en Ucrania.

HEYMAN. Nueva York-Connecticut. Sam Heyman y su esposa Ronnie (ambos licenciados en Yale y Harvard) se hicieron ricos gracias a la participación de Sam en GAF Corporation, una importante empresa de fabricación de materiales de construcción y productos químicos. En 1991, Sam escindió la división química, que ahora cotiza en bolsa con el nombre de International Specialty Products. La Sra. Heyman *(de soltera* Feuerstein, véase FEUERSTEIN) fue compañera de estudios de Derecho de Hillary Rodham Clinton.

HOCHBERG. Nueva York y Chicago. Herederos de Joseph Hochberg, que dirigió Children's Bargaintown USA. Su hijo Larry es presidente de Sportmart, una cadena de artículos deportivos.

HOFFMAN. Dallas, Texas. Edmund Hoffman hizo fortuna como primer embotellador y distribuidor de Coca-Cola (con sede en Dallas) en el suroeste de Texas. Su hijo Richard es un médico de éxito en Colorado. Su hijo Robert es uno de los fundadores de la revista de humor *National Lampoon*.

JESSELSON. Nueva York. Michael, Daniel y Benjamin son los herederos de Ludwig Jesselson, que llegó a ser Consejero Delegado de Philipp Brothers, uno de los mayores mercados mundiales de más de 150 materias primas, entre ellas acero, petróleo crudo, productos químicos y cemento. Posteriormente, la empresa fue adquirida por el banco internacional Salomon Brothers, Inc.

KAPLAN. Nueva York. Stanley Kaplan es el mago de la educación que está detrás de los cursos de formación SAT que los estudiantes de secundaria utilizan para preparar los exámenes de acceso a la universidad. Stanley dice que está especialmente interesado en desarrollar "líderes" en las comunidades negra e hispana, lo que para los líderes negros e hispanos de base significa desarrollar personalidades negras e hispanas que cumplan las órdenes de la élite judía estadounidense.

KEKST. Nueva York. Gershon Kekst dirige la empresa de comunicación empresarial y financiera Kekst and Company. Tiene un hijo, David, y una esposa, Carol.

KLINGENSTEIN. Nueva York. Entre los herederos del Dr. Percy Klingenstein, jefe de cirugía del Tercer Hospital General del Ejército de Estados Unidos, figuran Frederick Klingenstein, banquero de inversiones, y John Klingenstein.

KRAFT. Boston. Robert Kraft, propietario de los New England Patriots, hizo su fortuna fundando International Forest Products, una de las mayores empresas privadas de papel y embalaje del país.

KRAVIS. Tulsa. La fortuna familiar fue creada por Raymond Kravis, un consultor de petróleo y gas entre cuyos clientes figuraban Joseph P. Kennedy y el Chase Bank, controlado por los Rockefeller. Sus hijos Henry y George se asociaron con su primo, George Roberts, y dieron fama y fortuna internacionales a su empresa Kohlberg Kravis Roberts & Company en el tinglado de las compras apalancadas de los años ochenta. Adquirieron unas 36 empresas, entre ellas RJR Nabisco. El equipo Kohlberg-Kravis estaba estrechamente vinculado a la política republicana de la época.

KRIPKE. Omaha. ¡Buenas relaciones! Myer Kripke era un rabino de Omaha (Nebraska) cuya esposa, Dorothy, escribía libros infantiles. A la esposa del legendario inversor multimillonario (no judío) Warren Buffet, afincado en Omaha, le gustaban los libros de la Sra. Kripke, y las dos mujeres se hicieron amigas. Como resultado, las Kripke fueron invitadas a convertirse en "modestas inversoras" de la empresa Berkshire Hathaway de Buffet y ganaron mucho dinero. Su hijo Paul es profesor de filosofía en Yale.

LAUDER. Nueva York. Leonard y Ronald Lauder son los herederos de la fortuna de los cosméticos Estee Lauder. Ronald fue también embajador de Estados Unidos en Austria y Presidente del Fondo Nacional Judío. En 1989 se presentó como candidato republicano a la alcaldía de Nueva York.

THOMAS H. LEE. Boston. Thomas H. Lee, operador de compras apalancadas, ganó mucho dinero vendiendo su empresa de refrescos Snapple a Quaker Oats. Ahora, como todos los jóvenes judíos bien educados, es filántropo.

LEHMAN. Skokie, Illinois. La familia Lehman, encabezada por Kenneth Lehman, no debe confundirse con la familia neoyorquina "Our Crowd" de banqueros internacionales judeo-alemanes, sino que hizo su dinero a través de una empresa familiar, Fel-Pro Incorporated, fabricante de piezas para automóviles. Lehman no es un negrero. Su empresa ofrece a sus empleados numerosas prestaciones y todo tipo de regalos económicos y becas.

PRESTAMISTA. Connecticut. Marvin y Murray Lender son magnates del bagel. Vendieron su negocio de bagels congelados a Kraft Foods en 1984 y ahora dedican su fortuna a causas judías.

LEVENTHAL & SIDMAN. Boston. Socios de Beacon Properties, el mayor fondo de inversión inmobiliaria de Estados Unidos, Edwin Sidman y Alan Leventhal sacaron su empresa a bolsa en 1994 y ampliaron sus intereses a todo el país. Leventhal estuvo estrechamente vinculado a las actividades políticas de Bill Clinton.

LEVIN. Nueva York. Gerald Levin, que llegó a ser consejero delegado del imperio Time Warner controlado por la familia Bronfman, empezó como inquilino de Lewis Strauss, el jefe judío de la Comisión de Energía Atómica. Aunque no hay nada en el registro público que lo sugiera, es una apuesta segura que Levin y Strauss fueron fundamentales para "ayudar" a Israel a adquirir armas atómicas. Hoy, Levin es miembro del Consejo de Relaciones Exteriores, financiado por Rockefeller y. Sin duda, una figura mediática de primer orden.

LEVINSON. Nueva York. La viuda de Morris Levinson, Barbara, se convirtió en una figura destacada de la comunidad judía al distribuir la riqueza que Morris acumuló como conglomerado de alimentos y cosméticos que se fusionó con Nabisco. Morris es también uno de los fundadores del Centro de Estudios Democráticos, descrito como "el primer think tank". Su hijo Adam reside en Tallahassee (Florida), pero participa activamente en asuntos judíos a escala nacional. Su hijo Joshua es profesor en la Universidad Hebrea. Su hija Judy está casada con John Oppenheimer.

LEVY. Dallas, Texas. Irving, Milton y Lester Levy, hermanos, controlan NCH Corp., que fabrica y distribuye productos de limpieza a hoteles, organismos oficiales y empresas industriales. Sus cuatro hijos también trabajan en el negocio familiar.

LEON LEVY. Nueva York. Líder de la élite judía sefardí estadounidense (homenajeado por Stephen Birmingham en su libro *The Grandees*), Leon Levy hizo su fortuna como Director General de Urban

Substructures, Inc, que participó en la construcción e ingeniería de muchas propiedades prominentes en la ciudad de Nueva York. Levy también fue Presidente de la Conferencia de Presidentes de las Principales Organizaciones Judías Americanas. Sus hijos son Mark, Mimi, Judy y Janet. Su esposa Elsi es músico profesional.

LIPPERT. Nueva York. Albert y Felice Lippert han ganado millones ayudando a millones de personas a perder peso. Formando equipo con Jean Nidetch, una corpulenta ama de casa judía que había creado grupos de apoyo a la dieta, crearon Weight Watchers International y vendieron el exitoso negocio a Heinz Foods en 1978. Hijos Keith y Randy.

LISTA. Nueva York. Albert List distribuyó con éxito aplicaciones, luego se diversificó y tomó el control de la Hudson Coal Company, montando un conglomerado que incluía la cadena de cines RKO.

LOEB. Nueva York. Carl Morris Loeb, ya fallecido, hizo millones con American Metal Co. y pasó a fundar Loeb Rhoades (ahora Shearon Lehman/American Express). El hijo de Carl, John, se casó con la hija de Arthur Lehman, de Lehman Brothers. John Loeb tuvo dos hijos, Arthur y John Jr (que fue embajador de EE.UU. en Dinamarca), y su hija Ann se casó con Edgar Bronfman y tuvo un hijo, Edgar Bronfman Jr. Estos matrimonios mixtos entre familias judías ilustran cómo la élite judía mantenía su riqueza "en la tribu", por así decirlo. Esta familia Loeb no debe confundirse con la familia Loeb del imperio bancario Kuhn Loeb, otra fortuna judía.

LOWENBERG. San Francisco. William Lowenberg, superviviente del Holocausto y jefe de la Lowenberg Corporation, es un importante promotor inmobiliario en San Francisco. Su hijo David lleva el nombre de la familia y su compromiso con los negocios judíos.

MACK. New York. H. Bert Mack empezó en la demolición y fue responsable de importantes operaciones en los lugares donde se construyeron las Naciones Unidas, la Feria Mundial de Nueva York y el puente Triboro. Hoy, la empresa Mack es un importante promotor inmobiliario. Sus hijos son Earl, Bill, David y Fred.

MANDEL. Cleveland. Morton, Jack y Joseph Mandel crearon Premier Industrial Corporation, que hoy es uno de los principales fabricantes de productos electrónicos raros. Fusionaron Premier con Farnell Electronics, una empresa británica, para formar Premier Farnell PLC.

MARCUS. Dallas. Es la familia de los famosos grandes almacenes Nieman-Marcus. Aunque la empresa se vendió en 1969, Stanley Marcus permaneció varios años en el consejo de administración. También fue Presidente de la American Retail Federation.

BERNARD MARCUS. Atlanta. El imperio Home Depot, el mayor del país, es obra de Bernard Marcus, cuyos hijos, Fred, Morris y Suzanne, son los herederos de la fortuna.

MERKIN. Nueva York. Hermann Merkin fundó el banco de inversiones Merkin & Co, del que forman parte su hijo Sol y su yerno Andrew Mendes. Su hija Daphne ha sido columnista de The *New York Times* y novelista.

MEYERHOFF. Baltimore. Harvey Meyerhoff, magnate de la construcción y los centros comerciales, fue el primer presidente del Museo Conmemorativo del Holocausto de Estados Unidos en Washington D.C. y también presidente de United Way. Su hijo Joseph Meyerhoff II es una destacada personalidad de Baltimore, al igual que su hija Terry Rubenstein y Zoh Hieronimus, conocido locutor de radio.

MEYERSON. Dallas. Mort Meyerson es famoso por su relación con Ross Perot, de quien se dice que es su "mano derecha" como Presidente de Electronic Data Systems y después como Consejero Delegado de Perot Systems Corporation.

MILKEN. Nueva York-Los Ángeles. Los infames hermanos Milken - Michael y Lowell- saltaron a la fama durante los escándalos financieros de la década de 1980, pero siguen siendo figuras importantes en la comunidad judía mundial y son especialmente respetados por los "conservadores" que admiran la piratería y el hipercapitalismo al estilo Milken.

MILLSTEIN. Nueva York. Ira Millstein es socio del influyente bufete neoyorquino Weil Gotshal & Menges y ha impartido clases en la Yale School of Management y en la Facultad de Derecho de la Universidad de Nueva York. Ha formado parte de numerosas comisiones gubernamentales y de la National Association of Corporate Directors.

MILSTEIN. Nueva York. La Circle Floor Company, fundada por Morris Milstein, instaló los suelos del Rockefeller Center y de las Naciones Unidas, pero los hijos de Morris, Seymour y Paul, desarrollaron el negocio familiar, Milstein Properties, hasta convertirlo en una importante empresa inmobiliaria, propietaria de hoteles, oficinas y pisos. También controlaron durante un tiempo el imperio internacional United Brands y, en 1986, compraron la Caja de Ahorros Emigrant. Los miembros de la familia Howard y Edward controlan Douglas Elliman, una empresa de gestión y corretaje de propiedades, y Liberty Cable Television Company.

MUSHER. Nueva York. Sidney Musher fue un ejecutivo farmacéutico que desempeñó un papel fundamental en la apertura del mercado estadounidense a los productos israelíes. Sus hijos David y Daniel son médicos.

NAGEL. Los Ángeles. La Nagel Construction Company financia el negocio de Jack y Gitta Nagal, ambos supervivientes del Holocausto. Sus hijos Ronnie, David y Careena viven en Los Ángeles. Su hija Esther vive en Englewood, Nueva Jersey.

NASH. Nueva York. Con su socio Leon Levy (véase LEON LEVY), Jack Nash fue uno de los fundadores del exitoso fondo de capital riesgo Odyssey Partners. Su yerno es el inversor George Rohr. La esposa de Jack, Helen, es una sofisticada autora de libros de cocina kosher.

NASHER. Dallas. Otro miembro de la élite judía de Texas, Raymond Nasher fue un importante promotor de centros comerciales, entre ellos el famoso NorthPark, uno de sus éxitos.

OFFIT. Nueva York. Morris Offit, antiguo director de Saloman Brothers, fundó su propio banco de inversiones, Offitbank, y su propia empresa de asesoría de inversiones, Offit Associates.

PERLE. Dallas. El Dr. Stanley Pearle, optometrista, hizo fortuna con los famosos Pearle Vision Centers, los mayores minoristas de gafas del mundo.

PECK. Nueva York. Stephen y Judith Stern Peck son prominentes miembros de la alta sociedad judía. Stephen fue Presidente del Consejo del famoso Hospital Mt. Sinai y Judith fue Presidenta del Consejo de la United Jewish Appeal-Federation. Su nuera, Stephanie Rein, y su hijo, Emmanuel, son también grandes nombres del mundo empresarial judío de Nueva York.

PERELMAN. Nacido en Filadelfia, es el heredero de Belmont Industries. Nacido en Filadelfia, es el heredero de Belmont Industries, una empresa metalúrgica que se convirtió en holding de varias otras empresas de la región. Ronald Perelman controla ahora más de 44 empresas del imperio MacAndrew & Forbes. Entre las empresas que posee están Revlon, el gigante de los cosméticos, Coleman Co. (que fabrica material de acampada), California Federal Bank y Consolidated Cigar (que produce muchas marcas de puros). Su hijo Steven participa en el negocio familiar.

POLK. Chicago. Sam y Sol Polk crearon los grandes almacenes Polk Brothers, que desempeñaron un papel importante en el área metropolitana de Chicago hasta su cierre en 1992, pero la familia sigue siendo rica. Entre los miembros de la familia figuran el corredor de bolsa Howard Polk, la ejecutiva inmobiliaria Roberta Lewis y Bruce Bachmann.

PRITZKER. Chicago. Los hoteles Hyatt, las líneas de cruceros Royal Caribbean, las aerolíneas Continental y Braniff, la revista *McCall*'s y el pulpo del entretenimiento Ticketmaster han formado parte de la gigantesca fortuna de la familia Pritzker. El fundador de la familia, Nicholas, era un inmigrante de Kiev que creó un bufete de abogados con el que inició su ascenso a la riqueza y el poder. Sus hijos Harry, Jack y Abraham, así como los hijos de este último, Jay, Robert y Donald, eran los "grandes" de la familia. Su Grupo Marmon está especializado en la compra y reestructuración de empresas en crisis.

RATNER. Cleveland-Nueva York. La empresa Buckeye Material Company de la familia Ratner, con sede en Cleveland, se convirtió en Forest City Enterprises (ahora Forest City Ratner Companies), que es un importante promotor inmobiliario en su ciudad natal y en Nueva York. Participaron en la remodelación de la calle 42nd. Entre los miembros de la familia figuran Charles, James, Ronald, Albert, Leonard y Max, fundador de la Cámara de Comercio Israelí-Americana. Mark Ratner es profesor de Química en la Universidad Northwestern.

REDSTONE. Nacido Rothstein, Sumner Redstone se hizo cargo de la cadena de cines de su padre. Nacido Rothstein, Sumner Redstone se hizo cargo de la cadena de cines de su padre y la amplió a casi 900 sucursales. En 1987, orquestó la compra apalancada de Viacom, Inc, una de las principales empresas de medios de comunicación del mundo, que controla los estudios Paramount, Blockbuster Video, Simon &

Schuster, Nickelodean y MTV. Su hija Shari Redstone participa cada vez más en el imperio de su padre.

RESNICK. Nueva York. Jack y Pearl Resnick y su hijo Burton han hecho una fortuna en el sector inmobiliario de Nueva York, comprando y renovando oficinas. Su hija Marilyn está casada con Stanley Katz y participa activamente en asuntos judíos en Estados Unidos e Israel.

RIFKIND. Nueva York. Simon Rifkind, reputado abogado y socio del elitista bufete Paul, Weiss, Rifkind Wharton & Garrison, fue "asesor" del general Dwight Eisenhower en asuntos como la difícil situación de los desarraigados supervivientes del Holocausto y desempeñó un papel fundamental en las presiones para la creación de Israel. Su hijo Robert, socio del bufete igualmente elitista Cravath, Swaine & Moore, fue presidente del Comité Judío Americano.

ROSE. Nacido en Jerusalén, David Rose se trasladó a Nueva York y creó una gran y poderosa empresa inmobiliaria, Rose Associates. Nacido en Jerusalén, David Rose se trasladó a Nueva York y creó una gran y poderosa empresa inmobiliaria, Rose Associates, que construyó, poseyó y/o gestionó propiedades en Nueva York, así como en Washington, D.C., Boston, Florida y Connecticut. Sus hijos Frederick, Daniel y Elihu, así como sus nietos Adam y Jonathan, se encargan ahora de los asuntos del imperio Rose.

ROSENWALD. Chicago-Nueva Orleans. Julius Rosenwald hizo fortuna al hacerse con el control de Sears & Roebuck, el gigante de los catálogos. Su hijo Lessing, sin embargo, disgustó a muchos miembros de la comunidad judía estadounidense por ser un ferviente partidario de las causas antisionistas. Su hija Edith, firme defensora de los "derechos civiles" en el Sur, que operaba en una fabulosa mansión de Nueva Orleans inspirada en "Tara" en *"Lo que el viento se llevó"*, se casó con la familia Stern. Su familia dirigía el imperio mediático WDSU en Nueva Orleans y eran amigos personales de Clay Shaw, que fue procesado por el fiscal del distrito de Nueva Orleans Jim Garrison por su implicación en el asesinato de John F. Kennedy. (Véase *Juicio Final* de este autor, Michael Collins Piper, para más información sobre el extraño papel de la familia Stern en los casos que rodean a Shaw y al presunto asesino Lee Harvey Oswald). La familia es bastante numerosa y sigue activa en el sector inmobiliario y la televisión por cable.

RUDIN. Nueva York. Jack y Lewis Rudin y sus hijos, entre ellos William y Eric, dirigen Rudin Management, que gestiona propiedades residenciales y de oficinas en Nueva York.

SAFRA. Nueva York-Monte Carlo. Aunque el judío de origen sirio Edmond Safra murió hace varios años en Montecarlo en un misterioso incendio (con acusaciones de implicación del crimen organizado judío ruso en su muerte), no hay ningún misterio sobre el hecho de que su imperio bancario mundial, basado en Republic New York Corp. y Trade Development, con sede en Suiza (que se fusionó con American Express), era muy poderoso en el turbio mundo de las finanzas internacionales. El imperio familiar está ahora controlado por sus hermanos Joseph y Moise y sus herederos.

SAUL. Nueva York. Joseph Saul fundó la cadena de moda Brooks, que vendió con enormes beneficios en 1984. Ahora dedica sus beneficios a diversas causas judías, en particular a intereses israelíes.

SAUNDERS. Boston. La empresa Saunders Real Estate Corp., de Donald Saunders, posee el hotel Park Plaza de Boston, así como otras propiedades comerciales en el Estado de la Bahía. Sus hijas Lisa y Pamela se consideran herederas de la fortuna. Saunders está casado con la actriz Liv Ullman.

SCHEUER. Nueva York. Una empresa de gas y carbón y propiedades inmobiliarias en Nueva York son la fuente de la riqueza de esta familia. Un miembro de la familia, James, ha ocupado un escaño en el Congreso. Walter es gestor de inversiones y productor de documentales. Steven es crítico de medios de comunicación. Amy es psicoterapeuta. Richard ha presidido el consejo de administración del Hebrew Union College y financia excavaciones arqueológicas en Palestina.

SCHOTTENSTEIN. Columbus, Ohio. Este imperio minorista e inmobiliario es conocido por Schottenstein Stores Corporation, Value City Department Stores, Value City Furniture y American Eagle Outfitters. Jay Schottenstein está ahora a la cabeza del imperio familiar.

SCHUSTERMAN. Tulsa, Oklahoma. Charles Schusterman dirige Samson Investment Company, el mayor productor independiente de gas de Oklahoma. Su hija Stacy participa en el negocio familiar. Su hijo Jay vive en Colorado. Su hijo Hal vive en Israel.

SELIG. Atlanta. Heredero de Ben Massell, promotor inmobiliario, S. Stephen Selig es a su vez un importante promotor de Atlanta, a través de Selig Enterprises. Su hija, Mindy Selig Shoulberg, es una figura importante en la comunidad judía de la ciudad.

SILVERSTEIN. Nueva York. Hijo de un agente inmobiliario reconvertido en gran promotor de torres de oficinas, Larry Silverstein es probablemente más conocido hoy como el operador judío que se hizo con el control de los contratos de arrendamiento del World Trade Center poco antes de la tragedia del 11 de septiembre, un tema tratado en detalle por el periodista Christopher Bollyn en *American Free Press*, el periódico populista nacional con sede en Washington D.C. Los rumores que vinculaban a Silverstein con la CIA y el crimen organizado circularon durante algún tiempo.

SIMON. Indianápolis. Uno de los cinco mayores imperios de centros comerciales del país -el segundo, de hecho- es la base de la fortuna de los hermanos Melvin y Howard Simon, que han desarrollado 62 centros comerciales y 55 galerías comerciales. En 1996, su patrimonio creció aún más al fusionarse con DeBartolo Realty Corp (no judía). Mel es copropietario del equipo de baloncesto Pacers y ha producido películas basura como *Porky*'s. Su hijo David, que fue banquero de inversiones en CS First Boston y Wasserstein, Perella, participa ahora en el negocio familiar, que incluye el famoso Mall of America de Minneapolis, posiblemente el mayor centro comercial de Estados Unidos en su momento.

SKIRBALL. Los Ángeles. Jack Skirball fue rabino, promotor inmobiliario y productor de cine, tres profesiones que, al parecer, interesan a todos los buenos chicos judíos. Su acaudalada familia sigue activa en los negocios judíos de California.

SLIFKA. New York. La Halcyon/Alan B. Slifka Management Company proporciona a esta familia el dinero que necesita para seguir activa en el negocio judío en Nueva York.

CHARLES E. SMITH. Washington, D.C. No se deje engañar por el nombre. Robert Smith y su cuñado Robert Kogod dirigen ahora el imperio que incluye el complejo de apartamentos Crystal City en Arlington (Virginia) y Skyline City en Virginia.

RICHARD SMITH. Boston. Con sede en Nueva Inglaterra, la cadena de cines General Cinema se expandió hasta hacerse con el control de Neiman-Marcus (los grandes almacenes de Dallas), así como de Harcourt Brace Publishing (ahora Harcourt General). General Cinema se conoce ahora como GC Cos. Robert Smith, hijo de Richard, se hizo cargo del negocio familiar. La familia se describe como "muy discreta".

SONNABEND. Boston. Robert, Paul y Stephanie Sonnabend son los directores de Sonesta International Hotels Corporation. Son propietarios de unos 19 hoteles, entre ellos el de El Cairo (Egipto).

SPERTUS. Chicago. La fabricación de marcos -a través de Metalcraft Corporation (más tarde Intercraft Industries Corporation)- hizo la fortuna de la familia.

SPIELBERG. Los Ángeles. Todo el mundo conoce el nombre de Stephen Spielberg, la leyenda del cine responsable de una amplia gama de películas populares, sin olvidar *La lista de Schindler*. Su principal empresa es Dreamworks SKG. Amblin Entertainment es otra parte del imperio Spielberg.

MARY ANN STEIN. Indianápolis. Mary Ann Stein, heredera de banqueros y hombres de negocios, participa activamente en causas liberales hasta el punto de convertirse en presidenta del New Israel Fund, organización dedicada a promover el "liberalismo" en la sociedad israelí, causa que inflama en cierta medida a los sionistas de línea dura, dados los gestos amistosos del New Israel Fund hacia los palestinos étnicos. (Véase también FRIEDMAN.) SAM STEIN. Jacksonville, Florida. Sam Stein creó la tienda Steinmart en Mississippi y su hijo Jay desarrolló una cadena de 150 tiendas especializadas en "mercancía de gama alta fuera de precio" en 21 estados. La esposa de Jay, Cynthia, es profesora de arte y participa activamente en asuntos judíos en Jacksonville.

STEINBERG. Nueva York. Saul Steinberg hizo fortuna con Leasco, una empresa de alquiler de ordenadores, y luego con Reliance Insurance, que compró en 1968. Su hermano Robert y su cuñado Bruce Sokoloff estaban muy implicados en el negocio familiar. Su hija Laura está casada con Jonathan Tisch, del poderoso imperio mediático Tisch (véase TISCH). Su hijo Jonathan es propietario de Financial Data, que publica la revista *Individual Investor*.

STEINHARDT. Nueva York. Se dice que el magnate y gestor de fondos de cobertura Michael Steinhardt siente "pasión" por la "continuidad judía". Aunque es "ateo declarado", según la revista *Avenue*, Steinhardt sigue siendo "uno de los principales defensores estadounidenses de las causas judías e israelíes". Es uno de los financiadores de *Forward*, el influyente semanario judío con sede en Nueva York.

STERN & LINDENBAUM. Nueva York. Heredero de la fortuna Hartz Mountain (productos para animales domésticos), Leonard Stern es propietario del periódico "liberal" *Village Voice* y participa en diversas empresas inmobiliarias. Su hijo Emanuel dirige el SoHo Grand Hotel y está casado con la influyente familia Peck (véase PECK). La riqueza de la suegra de Leonard, Ghity Amiel Lindenbaum, también contribuye a la fortuna familiar.

STONE. Cleveland. Irving, Morris y Harry Stone fueron los herederos de la American Greetings (card) Corporation. El personaje de dibujos animados "Ziggy" es una de sus contribuciones a la cultura popular.

STONEMAN. Boston. Samuel Stoneman fue vicepresidente del consejo de la General Cinema Corporation. Sus hijas son Jane Stein y Elizabeth Deknatel. Dirigen la fundación familiar.

AARON STRAUS. Baltimore. La fortuna familiar se basa en la empresa nacional Reliable Stores Corporation. Son grandes contribuyentes a causas "buenas" en el área de Baltimore.

NATHAN & OSCAR STRAUS. Nueva York. Herederos de la fortuna de los grandes almacenes R. H. Macy y Abraham & Straus. H. Macy y los grandes almacenes Abraham & Straus. Oscar Straus II y Oscar Straus III son ahora figuras clave de la familia.

STRAUSS. Dallas. Antiguo Presidente Nacional Demócrata y Embajador de Estados Unidos en Rusia, Robert Strauss es un influyente abogado de Akin, Gump, Strauss, Hauer & Feld. Hijo de Charles, comerciante, Robert Strauss desempeñó un papel clave en la llegada de Lyndon Johnson a la presidencia. La esposa de su hermano Ted, Annette, fue alcaldesa de Dallas.

STRELITZ. Norfolk, Virginia. La cadena de muebles Haynes, con sede en Virginia, es la fuente de la riqueza de esta familia. E. J. Strelitz es el director general de la empresa.

SWIG. San Francisco. Esta familia posee el Hotel Fairmont de San Francisco y otros Fairmonts por todo el país. El Hotel Plaza es una de las joyas de su corona. Benjamin Swig y su hijo Melvin abrieron el primer centro comercial de Estados Unidos. Ben se asoció con Jack Weiler (véase ARNOW-WEILER) en el negocio inmobiliario comercial. El hermano de Ben, Richard, y sus hijos Kent, Robert y Steven participan en la fundación familiar, al igual que su cuñado, Richard Dinner.

SYMS. Nueva York. Syms, director de Syms Corp., propietaria de una cadena de 40 tiendas que venden marcas de diseño a precios rebajados, ha incorporado a su hijo Robert y a su hija Marcy al negocio familiar. Marcy es ex vicepresidenta del Congreso Judío Americano. La familia también ha entrado en el sector inmobiliario.

TAUBER. Detroit. Joel Tauber hizo fortuna en la industria manufacturera: Key Fasteners, Key Plastics (piezas de automóvil), Keywell Corporation (chatarra) y Complex Tooling & Molding (piezas de ordenador). Su hijo Brian participa en el negocio familiar. Su hija Ellen Horing es gestora de fondos en Nueva York. Otra hija, Julie McMahon, trabaja con niños desfavorecidos.

TAUBMAN. Nueva York. Promotor de grandes centros comerciales en todo el país, Taubman tuvo tempranos tratos comerciales con Max Fisher, de Detroit (véase MAX FISHER), y estuvo estrechamente asociado con Leslie Wexner (véase WEXNER), de las tiendas The Limited. Taubman participó en la compraventa del rancho Irvine, en el sur de California. Taubman compró la casa de subastas Sotheby's y fue condenado a un año de cárcel por fijación de precios. *Vanity* Fair informó a finales de 2002 de que Taubman era una figura popular entre sus compañeros de prisión. Sus hijos William y Robert son actores importantes en el imperio familiar.

TISCH. Nueva York. Lawrence y Preston Tisch, destacados defensores de Israel y más conocidos en la actualidad por su control del imperio de radiodifusión CBS, figuraban entre los judíos más poderosos de Estados Unidos, aunque Lawrence falleció recientemente. Loews, CAN Financial, Lorillard y Bulova forman parte del imperio Tisch. Lawrence tenía hijos: James, Daniel, Tom y Andrew, este último en el comité ejecutivo del American Israel Public Affairs Committee. Preston, propietario del equipo Giants, fue director general de Correos de Estados Unidos. Su hijo Steve es cineasta y su hijo Jonathan es presidente de Loew's Hotels.

TISHMAN. Nueva York. Esta familia de constructores incluye a David, Norman, Paul, Louis y Alex. Muchos miembros de la familia son muy activos en asuntos judíos. Nina Tishman Alexander y su marido Richard Alexander, así como Bruce Diker, otro heredero de la familia, figuran entre los miembros de la familia implicados en diversas causas.

WASSERMAN. Los Ángeles. El difunto Lou Wasserman, durante mucho tiempo jefe de MCA, el conglomerado del entretenimiento, fue, junto con su socio Jules Stein, uno de los padrinos del ascenso (cinematográfico y político) de Ronald Reagan. Le apodaban el "Rey" de Hollywood.

WEILL. Nueva York. Como Presidente y Director General del grupo Travelers, Sanford Weill es uno de los magnates judíos más ricos de Estados Unidos. Su hijo Marc dirige Travelers. Su hija Jessica Bibliowicz dirige Smith Barney Mutual Funds.

WEINBERG. Baltimore-Hawaii. Harry Weinberg empezó en el negocio del transporte público en Baltimore, y luego se expandió a Hawai, donde se convirtió en un importante agente inmobiliario en los años 50, cuando se produjo el auge del turismo aéreo a las islas.

WEINER. Nueva York. Presidente y Director General del Republic National Bank de Nueva York y de la Republic New York Corporation - fundada por Edmond Safra (véase SAFRA) - Walter Weiner fue socio fundador de Kronish, Lieb, Weiner & Hellman. Sus hijos son John y Tom.

WEXNER. Nueva York-Columbus, Ohio. Leslie Wexner es dueño de todo: The Limited, Express, Lerners, Victoria's Secret, Henry Bendel, Abercrombie & Fitch, Bath and Body Works y Lane Bryant. Le interesaba especialmente formar a futuros líderes judíos.

WINIK. Nueva York. Elaine Winik fue la primera mujer presidenta de la Federación de la United Jewish Appeal y presidenta de la United Jewish Appeal.

Su hija Penny Goldsmith es una figura destacada del AIPAC y la ADL. Los Winiks hicieron fortuna con la fabricación de bolsos.

INVIERNO. Milwaukee. Elmer Winter fundó Manpower, la agencia de trabajo temporal con 1.000 oficinas en 32 países. También desempeñó un papel activo en el desarrollo de las relaciones comerciales entre Estados Unidos e Israel y fue director nacional del Comité Judío Americano.

WOLFENSOHN. Nueva York. Nacido en Australia y formado como banquero de inversiones en Londres, James Wolfensohn se convirtió en socio ejecutivo de Salomon Brothers en Nueva York. En 1995, fue nombrado director del Banco Mundial, una verdadera potencia judía.

WOLFSON. Miami. La Wolfson-Meyer Theater Company se convirtió en Wometco y fue adquirida en 1984 por Kohlberg, Kravis, Roberts & Company tras establecerse como pionera del cine y la televisión en los años veinte. Las sociedades de inversión Wolfson Initiative Corporation y Novecentro Corporation forman parte del imperio familiar. Entre los miembros de la familia figuran Louis III y Mitchell. El Wolfson más conocido es el tristemente célebre Louis, que se vio envuelto en un desagradable escándalo relacionado con el ex juez del Tribunal Supremo de Estados Unidos William O. Douglas, que recibía dinero de la fundación de la familia Wolfson.

ZABAN. Atlanta. Mandle Zaban, su hermano Sam y su hijo Erwin crearon Zep Manufacturing a partir de una empresa de mantenimiento, que evolucionó hasta convertirse en National Service Industries, hoy dirigida por Erwin, que fue director de la Liga Antidifamación.

ZALE. Texas. Morris Zale creó una de las mayores cadenas de joyerías del mundo, pero la empresa se vendió en 1987. Los herederos David, Marjory, Stanley y Janet siguen activos en el negocio judío. Los dos hijos siguen en el negocio de la joyería.

ZARROW. Tulsa, Oklahoma. Henry y Jack Zarrow fabrican piezas y suministros para instalaciones petrolíferas a través de Sooner Pipe and Supply Corporation.

ZILJA. Una familia judía verdaderamente "global", los Zilkhas son los herederos del Zilkhas International Bank, que fue el mayor banco comercial privado del mundo árabe. Tras la creación de Israel, la familia francófona afincada en Bagdad se trasladó al oeste. El cabeza de familia, Ezra, tiene un hijo, Elias, e hijas, Donna Zilkha Krisel y Bettina-Louise. Jugadores importantes en la pequeña élite judía sefardí de Estados Unidos y activos en Israel, también se dedicaron al negocio de las armas. También se dedicaron a la fabricación de armas.

ZIMMERMAN. Boston-Atlanta-Palm Beach. Harriet Morse Zimmerman, hija de un fabricante de zapatos de Boston, fue vicepresidenta del AIPAC y en una ocasión se jactó arrogantemente de que "el mayor donante a Israel del mundo es el Congreso de Estados Unidos". Su hijo Robert trabaja activamente en Westport, Connecticut. Su hija Claire Marx y su yerno Mark O'Leary también están muy implicados en asuntos judíos.

Este es un resumen de las familias judías más poderosas de Estados Unidos. Como hemos dicho, esta lista no es en absoluto exhaustiva. Podrían añadirse muchos más nombres a la lista, normalmente nombres menos conocidos (por así decirlo) en algunos de los pueblos y ciudades más pequeños del país.

Además, un número creciente de poderosas y ricas familias judías extranjeras -de Israel, Irán, Rusia y otros lugares- se están asentando en las costas estadounidenses.

Ciertamente sería conveniente, por razones literarias, poder decir que hay "200" o "300" o "400" familias concretas -a la manera de ciertas obras fantasiosas y conspirativas, o incluso a la manera de las revistas *Forbes* y Fortune-, pero eso traicionaría la realidad.

Lo que hemos reunido aquí, en un formato de fácil lectura, basado en una fuente totalmente "respetable" y simpática, es un relato perfectamente aceptable del vasto conjunto de riqueza y poder reunido en un número relativamente pequeño de manos, unas pocas familias cuyos rostros y nombres son en gran medida desconocidos para el público estadounidense (o mundial) en general.

Pero tenga la seguridad de que son poderosos y que la gente entre bastidores (y los que ocupan cargos políticos) saben muy bien quiénes son estos intermediarios de élite. Ellos son, como hemos dicho, capaces de hacer presidentes y políticos americanos, y son capaces de romperlos. Ellos son realmente los que reinan sobre América, la nueva Jerusalén.

Y ahora, antes de profundizar en algunos hechos y cifras muy concretos sobre la enorme riqueza y el poder de la élite sionista, hagamos una digresión por un momento y echemos un vistazo a un empresario estadounidense de perfil particularmente alto que -aunque no es judío (por lo que sabemos)- en realidad debe su ascenso a la fama y la fortuna al apoyo entre bastidores de algunas de las familias sionistas más poderosas de Estados Unidos en la actualidad. Se trata del único Donald Trump.

¿Quién está detrás de Trump

La extraña historia de Donald

No, Donald Trump no es judío, pero una investigación sobre los antecedentes de este extravagante empresario estadounidense ofrece sorprendentes revelaciones sobre el camino de Trump hacia el poder y la influencia, pues lo cierto es que el ascenso a la fama de Trump es consecuencia directa del hecho de que ha sido poco más que un pintoresco testaferro de patrocinadores muy ricos entre bastidores. La historia del pintoresco hombre de negocios (y ahora estrella de la televisión) conocido como "El Donald" muestra cómo personas e intereses financieros no judíos pueden llegar a grandes alturas gracias al patrocinio de intereses judíos.

Todo el mundo conoce, por supuesto, las operaciones de juego de Trump y los amplios vínculos de la industria del juego con el crimen organizado.

Pero la historia va mucho más allá. En sus propias memorias, *The Art of the Deal,* Trump describe con orgullo cómo, en 1987, compró sus primeros intereses en casinos adquiriendo el 93% de las acciones con derecho a voto de la empresa de juego Resorts International.

Lo que Trump no dice a sus lectores es lo que el difunto Andrew St. George informó en *The Spotlight* el 30 de octubre de 1978 (y en el número anterior, el 25 de septiembre de 1978): que Resorts International fue creada y controlada por testaferros de las familias Rockefeller y Rothschild y sus "secuaces" en la CIA y su agencia de inteligencia aliada, el Mossad israelí.

El reportaje *de Spotlight* se centraba en las actividades de Resorts International y ofrecía a los lectores una visión general de los chanchullos del juego "amañado" dirigidos por elementos del hampa.

Lo que hizo que el informe fuera tan explosivo fue que este periódico señaló que los casinos ilegalmente amañados funcionaban con la connivencia de políticos "respetables", funcionarios encargados de hacer cumplir la ley, financieros de Wall Street que facilitaban préstamos para financiar los centros de juego y los propios operadores de los centros de juego de alto nivel.

Además, como señaló el Sr. St. George, muchos de estos casinos gestionados por la Mafia a través de varios testaferros participaban de hecho en una asociación de *facto* con mafiosos entre bastidores que ayudaban a la CIA y al Mossad a blanquear enormes beneficios procedentes de las drogas y el juego que eran canalizados hacia operaciones encubiertas por las dos agencias de inteligencia aliadas. A cambio, la CIA y el Mossad, utilizando su propia influencia, proporcionaban "protección" a las operaciones de juego ilegal establecidas en , impidiendo que las autoridades policiales tomaran medidas enérgicas contra esta corrupción.

¿Dónde encaja en este panorama el futuro presidente Donald Trump? Para encontrar la respuesta, tenemos que recurrir a los oscuros orígenes de Resorts International.

De hecho, Resorts surgió de una empresa fantasma de la CIA creada a principios de la década de 1950 por Allen Dulles, entonces director de la CIA, y su estrecho colaborador, Thomas E. Dewey, tres veces gobernador del Estado de Nueva York y agente político del ala del Partido Republicano denominada "Rockefeller Republican".

La empresa fantasma en cuestión era la inocuamente llamada Mary Carter Paint Company, que en realidad gestionaba una cadena nacional de tiendas de pintura, pero que había sido creada para funcionar como una operación encubierta de blanqueo de dinero de la CIA.

En 1958-59, Dewey y varios asociados utilizaron 2 millones de dólares de fondos de la CIA para comprar una participación mayoritaria en la Crosby-Miller Corporation (dirigida por James Crosby, amigo de Dewey), que más tarde se fusionó con Mary Carter.

En particular, la nueva empresa blanqueó dinero de la CIA para armar a exiliados cubanos anticastristas. La compañía también se embarcó en lucrativas empresas de juego en casinos del Caribe, donde la CIA estaba muy activa en ese momento, habiendo involucrado al sindicato del crimen de Lansky en complots ahora ampliamente documentados y conocidos por todos, dirigidos contra el Primer Ministro Fidel Castro, que había enfurecido a la mafia cerrando sus negocios de juego cubanos.

Así que no es de extrañar que en 1963, Alvin Malnik, uno de los principales secuaces del jefe del sindicato del crimen Meyer Lansky, estuviera estrechamente implicado en las actividades de Mary Carter Paint.

Imagínese el número de estadounidenses respetuosos de la ley que compraron productos de pintura de Mary Carter y se habrían sorprendido al saber que estaban ayudando a financiar una operación conjunta de la CIA y la Mafia que se ocultaba tras el rostro sonriente de una "típica ama de casa estadounidense", la ficticia "Mary Carter" cuyo rostro adornaba sus productos.

En 1963, Mary Carter Paint se separó de su división de pinturas y, en los años siguientes, empezó a desarrollar sus actividades de casino, sobre todo en las Bahamas.

En 1967-68, Mary Carter Paint cambió oficialmente su nombre por el de Resorts International e inició una enorme expansión internacional. Varios inversores importantes aportaron los fondos y activos necesarios para el negocio:

- Meyer Lansky, reconocido como el "presidente del consejo" y principal financiero del sindicato del hampa del juego, que mantenía desde hacía tiempo vínculos no sólo con Israel y el Mossad, sino también con la CIA y la comunidad de inteligencia estadounidense;

- David Rockefeller, jefe del imperio financiero Rockefeller, que utilizó la influencia de su familia y sus conexiones con la CIA y los bancos mundiales para ayudar en la operación;

- Investors Overseas Service (IOS), entonces el mayor conglomerado de capital aéreo del mundo, controlaba activos por valor de 2.500 millones de dólares. El jefe nominal de IOS era el pintoresco Bernard Cornfeld. Sin embargo, el propio Cornfeld no era más que el testaferro de dos directores entre bastidores:

- Tibor Rosenbaum, que no sólo era el principal financiero del Mossad con sede en Suiza y responsable de la venta secreta de armas, sino también el jefe del Banque de Crédit Internationale de Genève, el principal blanqueador de dinero europeo del sindicato de Lansky; y

- Barón Edmond de Rothschild de la familia bancaria europea y socio personal de Rosenbaum en las empresas de Rosenbaum vinculadas al Mossad, que llegan muy lejos; y por último,

- William Mellon Hitchcock, uno de los herederos de la fortuna de la familia Mellon (una de las mayores fortunas familiares privadas de Estados Unidos, que durante muchos años también mantuvo estrechos vínculos con la CIA).

Fue este grupo el que capitalizó Resorts International que, a través de un vasto programa de relaciones públicas, ayudado e instigado por los medios de comunicación estadounidenses, promovió el mito de que la "nueva" empresa estaba "limpiando" el juego. Para promover esta fábula, la nueva empresa contrató (con sueldos exorbitantes) a una serie de antiguos agentes del FBI y de la CIA, así como a abogados del Departamento de Justicia, que aseguraron al mundo que el juego operado por Resorts International estaba "libre de sindicatos" y era "apto para toda la familia", a pesar de que no se conocían los hechos.

Resorts International creció a pasos agigantados y se convirtió rápidamente en una de las empresas de juego más rentables. En 1970, las figuras del hampa que dirigían los casinos (junto con sus socios entre bastidores) empezaron a tomar medidas para ampliar el juego de casino en Estados Unidos.

El jefe de la mafia Meyer Lansky convocó una reunión de alto nivel de los miembros del sindicato del juego en Acapulco, Nuevo México, y fue allí donde los mafiosos reunidos señalaron el balneario en decadencia de Atlantic City como su primer nuevo objetivo. (Antes de eso, por supuesto, la mafia ya había hecho de Nevada el único puesto de juego legal en suelo estadounidense). Tras esa reunión, los recursos de Resorts International se utilizaron (pública y privadamente) para lanzar la campaña de presión que condujo a la legalización del juego en Atlantic City y, una vez que la legislatura de Nueva Jersey abrió el Estado Jardín, Resorts se instaló en él.

En 1987, a la muerte de James Crosby, el testaferro de la CIA que dirigía nominalmente Resorts International, el joven magnate inmobiliario neoyorquino Donald Trump intervino y compró las acciones de Crosby en el imperio del juego.

Trump se convirtió rápidamente en un nombre muy conocido, con su colorida personalidad y su insistencia en dar su nombre a toda una serie de hoteles de lujo, bloques de apartamentos y otras empresas comerciales. Pero mientras el nombre "Trump" acaparaba titulares, los nombres de los verdaderos responsables de Resorts International permanecían ocultos al público. Dados los orígenes de Resorts International, no cabe duda de que Trump no habría podido tomar el timón de esta empresa si no hubiera contado con el discreto apoyo de quienes la crearon.

El propio Trump acabó deshaciéndose de su participación en Resorts International durante el periodo de su sonada "bancarrota", pero sigue siendo un actor importante en la escena financiera y en la industria del juego.

Así que aunque Trump -una figura importante en la escena estadounidense- no es obviamente de origen judío, ciertamente debe mucho al patrocinio de la élite sionista. Y eso dice mucho sobre las formas de poder en Estados Unidos - la nueva Jerusalén. Echemos un vistazo a quiénes forman definitivamente la nueva élite estadounidense.

Datos y cifras claros y precisos:

El poder sionista en América hoy - según fuentes judías

Una nota introductoria...

Las siguientes páginas contienen una amplia variedad de citas tomadas textualmente de una variedad igualmente amplia de fuentes, casi todas ellas escritores, investigadores, periodistas y académicos judíos. En los raros casos en que estas citas no proceden de fuentes judías propiamente dichas, están tomadas de lo que podría describirse vagamente como fuentes "pro-judías" o "pro-sionistas".

Ninguna de estas fuentes puede calificarse de "antisemita" en modo alguno, ¡ni siquiera por la augusta Liga Antidifamación

Todas las citas están claramente citadas con notas a pie de página y son directas y no abreviadas, a menos que se indique claramente mediante elipsis. Los títulos en negrita que aparecen antes de cada cita son palabras de resumen seleccionadas por el autor/editor con fines descriptivos y para subdividir las diversas áreas de poder e influencia judía y sionista que aquí se tratan. Téngase en cuenta que estos títulos en negrita no forman parte de la cita en sí y no deben ser citados como tales por los estudiosos y escritores que utilicen este volumen como obra de referencia.

Creemos que esta colección de citas es el conglomerado más poderoso e informativo -extraído de obras recientemente publicadas- jamás reunido en los tiempos modernos y, sin duda, la visión más concisa y completa de la riqueza y el poder de quienes reinan en la nueva Jerusalén.

Hay muchos documentos sobre este tema si se busca en los lugares adecuados, pero en las páginas de este libro se encuentra todo bien reunido en un solo lugar, una referencia práctica para quienes se atreven a profundizar en uno de los temas más controvertidos de nuestro tiempo: el poder sionista en América.

Y así empezamos...

LOS FINANCIEROS JUDÍOS SE BENEFICIARON DE REAGAN

El primer ámbito en el que los judíos adquirieron importancia en el régimen republicano de la década de 1980 fue la política económica. Aunque los judíos desempeñaron un papel importante en el campo político liberal, durante la década de 1980 un pequeño grupo de banqueros y financieros judíos se convirtió en un importante aliado de la administración Reagan y en un agente clave de sus programas económicos y fiscales. Los judíos presidieron la gran expansión de la liquidez -dinero y crédito- que alimentó el auge económico y la expansión de los valores bursátiles en la era Reagan. La administración Reagan llegó al poder ensalzando las virtudes de la competencia del libre mercado y del capitalismo sin trabas, y prometiendo restaurar la prosperidad nacional bajando los impuestos, reduciendo la interferencia del gobierno en la economía y limitando la onerosa regulación gubernamental de las empresas. Los financieros judíos desempeñaron un papel clave ayudando a la administración a cumplir sus promesas. A cambio, la administración protegió durante un tiempo a estos financieros de los ataques de sus oponentes empresariales y políticos.[15]

UN MATRIMONIO DE CONVENIENCIA

Al aplicar sus políticas, la administración [Reagan] se encontró en una alianza de facto con un pequeño pero poderoso grupo de banqueros y financieros judíos. Este grupo de individuos creó o perfeccionó los nuevos instrumentos financieros que, en conjunto, sirvieron a los intereses de la administración al aumentar la oferta de crédito durante la década de 1980, lo que a su vez alimentó el gran mercado alcista de esa época.

---

[15] Ginsberg, p. 189.

Por ejemplo, los financieros y comerciantes judíos perfeccionaron los contratos de futuros sobre índices bursátiles, que aumentaron considerablemente la liquidez del sistema financiero al permitir transacciones de valores muy apalancadas....

Financieros judíos como Saul Steinberg, Victor Posner, Carl Icahn, Nelson Pelz, la familia Belzberg, Sir James Goldsmith y otros fueron algunos de los principales protagonistas de estas adquisiciones hostiles.

De los principales actores del negocio de las adquisiciones, sólo dos - T. Boone Pickens y Carl Lindner, de Cincinnati, no eran judíos. Boone Pickens y Carl Lindner, de Cincinnati, no eran judíos.

Los arbitrajistas judíos -Ivan Boesky se convirtió en el más famoso de ellos- desempeñaron un papel fundamental en la adquisición de enormes bloques de acciones, facilitando los intentos de adquisición.

Los judíos fueron pioneros en el intercambio de programas que, entre otras cosas, permitían a las empresas generar excedentes de ingresos en sus fondos de pensiones que podían destinarse a otros objetivos empresariales.

Durante la década de 1980, la administración Reagan y los financieros judíos disfrutaron de un perfecto matrimonio de conveniencia. La administración estaba deseosa de promover el crecimiento económico y aumentar la prosperidad de sus electores de alto nivel, incluso si ello significaba hacerlo a expensas de los trabajadores y empresarios cuyas empresas fueron absorbidas o simplemente puestas fuera del negocio.

Por su parte, los financieros judíos vieron una oportunidad sin precedentes de adquirir riqueza y poder con la bendición y protección del gobierno federal.[16]

FINANCIEROS JUDÍOS Y BONOS BASURA

---

[16] *Ibid.* p. 192.

Como forasteros, al margen de los sectores bancario y bursátil, los judíos pudieron ver y aprovechar mejor las nuevas oportunidades que ofrecían la desregulación financiera y el clima permisivo de la era Reagan. Mientras que los banqueros de inversión tradicionales ofrecían asesoramiento y asistencia financiera a sus clientes implicados en fusiones y adquisiciones, los judíos recién llegados estaban dispuestos a participar ellos mismos en estas adquisiciones. Los advenedizos judíos vieron las increíbles oportunidades inherentes a los bonos basura que las empresas establecidas desdeñaban. Los judíos perfeccionaron el arte del arbitraje de riesgos, otro ámbito despreciado por los WASP de Wall Street. Los judíos recién llegados y algunos de sus aliados no judíos vieron la oportunidad de utilizar los bonos basura para financiar intentos de adquisición hostil.

En sus esfuerzos, los financieros judíos contaron con la bendición y la protección de la administración Reagan. La administración cortejó a los financieros y los protegió de un Congreso hostil.[17]

PRÁCTICAMENTE TODOS LOS ESPECIALISTAS EN ADQUISICIONES

Las actividades de los financieros judíos, en particular su participación en la oleada de adquisiciones de empresas que tuvo lugar entre 1985 y 1986, durante la cual desapareció casi una cuarta parte de las empresas que figuraban en la lista Fortune 500, han suscitado duras críticas desde diversos sectores....

Muchos de los oponentes de Reagan en el Partido Demócrata y los medios de comunicación liberales comprendieron que fue la alianza de facto de la administración con los financieros judíos la que puso a disposición suficiente dinero y crédito para impulsar la expansión económica a pesar de los enormes déficits presupuestarios que, de otro modo, habrían reducido la disponibilidad de capital para la empresa privada... Al parecer, no pasó desapercibido en los despachos de los

---

[17] *Ibid*, p. 193

dirigentes del país que casi todos los especialistas en recuperación y sus patrocinadores eran judíos.[18]

BEDUINOS EN AVIONES A REACCIÓN

Los judíos sirios, que se han agrupado en Brooklyn, Nueva York, también han surgido como una fuerza importante en la industria de la ropa deportiva, en particular las líneas de vaqueros azules como Jordache y Gitano. En muchos sentidos, estos recién llegados representan el retorno a una tradición aún más antigua de empresarios judíos transnacionales. Productos de una comunidad sometida a un asedio constante, viajan por el mundo como beduinos en jets, con poca lealtad más allá de las operaciones de su familia inmediata. [19]

CALIFORNIA, YA VIENEN...

... la comunidad judía del Gran Los Ángeles y California, que se duplicó con creces durante las décadas de 1970 y 1980, sigue creciendo en fuerza y tamaño, atrayendo a judíos de otras partes de Estados Unidos, así como [a judíos de Irán, Israel y Rusia]. En 1990, la población judía de Los Ángeles -que en 1920 tenía menos residentes judíos que Buffalo (Nueva York)- había crecido en más de 150.000 personas hasta alcanzar unas 600.000, lo que la convertía en el segundo centro de la diáspora después de Nueva York.[20]

MEDIOS DE COMUNICACIÓN: UNA INFLUENCIA DESPROPORCIONADA

Aunque no controlan los medios de comunicación y las artes, como sugieren algunos antisemitas, los judíos ejercen una influencia desproporcionada en el cine, la edición, la publicidad y el teatro. En los medios de comunicación, según una encuesta realizada en los años

---

[18] *Ibid*, pp. 194-197

[19] Joel Kotkin. *Tribes* (Nueva York: Random House, 1993), p. 51.

[20] *Ibid*, p. 61.

setenta, una cuarta parte de las personalidades destacadas eran judías, más de diez veces su porcentaje en la población general.[21]

EL VERDADERO PODER EN HOLLYWOOD

El poder judío en Hollywood ya no se centra en los propietarios de los estudios, sino en los diversos agentes, productores independientes y guionistas que dominan cada vez más la industria, incluidos promotores como Arnon Milchan, Michael Ovitz y David Geffen, antiguo agente [de talentos] y productor discográfico a quien Forbes identificó en 1990 como "el hombre más rico de Hollywood". Siguen siendo esenciales los conocimientos tradicionales judíos en ventas, marketing y ensamblaje de las diversas "piezas" necesarias para montar una producción.... Margo Bernay, agente de ventas de un sindicato artesanal cuya familia empezó a trasladarse a Hollywood desde los antiguos barrios judíos del este de Los Ángeles en los años 30, señala que las habilidades judías tradicionales de venta, marketing y ensamblaje de las diversas "piezas" necesarias para montar una producción siguen siendo esenciales:

"Si nos fijamos en el poder real de esta ciudad, son los agentes, los productores, no los estudios. Los estudios solían poseer el talento; ahora el talento posee los estudios. Así que ahí es donde están los judíos, la creatividad, el talento, el glamour, el poder. Es la parte sechel [razón] del negocio, la mentalidad. Es la parte del negocio que no tiene los límites que se encuentran en las grandes corporaciones - te da el espacio que los judíos han sido educados para reclamar".[22]

LA NUEVA INVASIÓN DE LA INMIGRACIÓN JUDÍA

... A pesar de las repetidas predicciones sobre su desaparición demográfica, la comunidad judía estadounidense ha seguido creciendo; entre 1970 y 1990, frente al aumento de los matrimonios mixtos y la baja tasa de natalidad, el número de judíos autoidentificados en Estados Unidos aumentó en 300.000 personas. Este bajo crecimiento

---

[21] Ibid.

[22] *Ibid*. p. 61-62.

demográfico se debe en parte a la inmigración a gran escala procedente de las comunidades de la diáspora en Irán y Sudáfrica.

La emigración desde la Unión Soviética fue la más numerosa, con un total de más de 250.000 personas; en 1991, otras 100.000 personas con visado esperaban su turno para marcharse.

Las razones de esta preferencia por el odiado *galut*, o exilio, varían. Para algunos, la presencia de parientes en Estados Unidos, donde existe con diferencia la mayor comunidad de descendientes de judíos rusos, marcó la diferencia.

Otro factor es francamente económico: Estados Unidos, donde los judíos son los más ricos de todos los grandes grupos étnicos, ofrece en general un campo de oportunidades mucho mejor a los judíos soviéticos, la mayoría de los cuales tienen una buena educación, que el pequeño Israel.

Ciertamente, a los que vinieron, a pesar de los problemas habituales de adaptación, les fue razonablemente bien. En pocos años, según una reciente encuesta nacional, la familia media de judíos soviéticos [en Estados Unidos] gana más al año que la familia media estadounidense.[23]

LOS ISRAELÍES ENCUENTRAN UNA NUEVA "TIERRA DE LECHE Y MIEL

Dado su éxito en América, pocos judíos estadounidenses emigraron fuera de Estados Unidos. Sin embargo, la tradición judía beduina continúa entre otros miembros de la tribu, incluidos, irónicamente, los israelíes.

En lugar de convertirse en los "hijos de la tierra" celebrados por los primeros sionistas, no menos de 800.000 israelíes, productos de un país pequeño, relativamente pobre y devastado por la guerra , buscaron mejores oportunidades en otros lugares.

---

[23] *Ibid.* , p. 63.

En algunos años, sobre todo antes de la emigración masiva desde Rusia, el número de israelíes que se marchaban superaba al de inmigrantes.

Aunque se encuentran en países tan diversos como Finlandia y Singapur, es en Estados Unidos donde más fácilmente se asientan, con medio millón de ellos concentrados en las principales colonias de Nueva York y Los Ángeles.

En comparación, la inmigración total de judíos estadounidenses a Israel en las cuatro décadas transcurridas desde 1948 no ha superado las 60.000 personas, menos de la mitad del número de israelíes que solicitaron legalmente el estatuto de inmigrante estadounidense de pleno derecho entre 1970 y 1987.[24]

SILICON VALLEY: LA NUEVA TIERRA PROMETIDA

... Los "israelíes errantes" de hoy, por ejemplo, han ascendido a puestos en las filas más selectas de técnicos y otros profesionales. Sólo los ingenieros representan casi el 20% del total, con unos 13.000 científicos, ingenieros y otros profesionales trabajando sólo en las industrias de alta tecnología de California, una población que representa aproximadamente un tercio del tamaño de la mano de obra técnica nacida en Israel.[25]

FINANZAS JUDÍAS: "UN SABOR INTERNACIONAL

Aunque no hay pruebas reales de una conspiración internacional de banqueros judíos, algunos judíos del sector bancario han conspirado. El juego ejerce una fascinación sobre los judíos que algunos podrían describir como equivalente al sexo para los franceses, la comida para los chinos y el poder para los políticos. Y desde que la diáspora dispersó a las comunidades judías, sus preocupaciones financieras siempre han

---

[24] *Ibid.* p. 63-64.

[25] *Ibid.* p. 64-65.

tenido un sabor internacional. Pero algunos judíos han sobrepasado los límites de la moral y la ley en la banca internacional.[26]

ARTE: "UN FUERTE SABOR JUDÍO

... ¿Arte judío? No hace mucho, esta frase habría sido una contradicción. En el 99,9% de la experiencia judía, no había gran arte. El arte popular era decorativo y ornamental, pero no había obras serias en el sentido occidental. Hoy, la situación ha cambiado por completo y los judíos están presentes en todos los niveles del mundo del arte: como artistas, marchantes, coleccionistas, críticos, comisarios, asesores y mecenas. De hecho, la escena artística contemporánea tiene un fuerte sabor judío. En algunos círculos, a los negociantes se les denomina la mafia judía, porque ostentan poder, prestigio y, sobre todo, dinero. Y, como ocurre con el capo de la familia, la influencia se distribuye hábilmente: los artistas que han soportado años de abandono se transforman en éxitos de la noche a la mañana; los triunfadores son guillotinados tan rápidamente que puede que ni siquiera sepan que han sido decapitados.[27]

MI HIJO, EL...

... En Estados Unidos hay unos 30.000 médicos judíos, lo que representa casi el 14% de todos los médicos que ejercen en el sector privado.[28]

De los quinientos mil abogados, se calcula que más del veinte por ciento son judíos, casi diez veces la representación que cabría esperar. En 1939, se calculaba que más de la mitad de los abogados que ejercían en Nueva York eran judíos. Hoy, la proporción es aún mayor: quizá tres de cada cinco abogados sean judíos.

---

[26] Gerald Krefetz. *Jews and Money: The Myths and the Reality* (New Haven y Nueva York: Ticknor and Fields, 1982), pág. 101.

[27] *Ibid.* , p. 140.

[28] *Ibid.* , p. 167.

La última encuesta del Colegio de Abogados de Nueva York reveló que el 60% de los 25.000 abogados de la ciudad eran judíos, el 18% católicos y el 18% protestantes. La mayoría de los abogados judíos -alrededor del setenta por ciento- proceden de Europa del Este...[29]

En la actualidad, el 15% de los 740.000 abogados de Estados Unidos son judíos. La representación judía es siete veces superior a la de la población general. En los círculos jurídicos de élite, la concentración es aún más sorprendente.

El 40% de los socios de los principales bufetes de Nueva York y Washington son judíos. Los judíos ocupan dos de los nueve escaños (22%) del Tribunal Supremo.[30]

La Asociación Médica Estadounidense calcula que actualmente hay 684.000 médicos en Estados Unidos. Los médicos judíos son unos 100.000, es decir, el 15%. Como en el caso de los abogados, esta cifra es siete veces superior a la proporción de judíos en la población general. El 9% de las solicitudes de ingreso en las facultades de medicina en 1988 procedían de judíos.[31]

Al menos el 20% de los profesores de las principales universidades estadounidenses son judíos, incluido más del 25% en las prestigiosas facultades de medicina, el 38% en facultades de derecho similares, e incluso más en Harvard, donde la mitad de los profesores de derecho son judíos. En la actualidad, los judíos representan el 20% de los médicos y abogados del país.[32]

---

[29] Ibid., p. 185.

[30] Steven Silbiger. *The Jewish Phenomenon* (Atlanta, Georgia: The Longstreet Press, 2000), p. 62.

[31] Ibid., p. 65.

[32] Lenni Brenner. *Jews in America Today* (Seacaucus, Nueva Jersey: Lyle Stuart, 1986), p. 62.

HABITANTES DE LA CIUDAD...

Antes de la Segunda Guerra Mundial, la mayoría de los judíos vivían en Europa, el doble que en Estados Unidos. Después del Holocausto, vivían en Estados Unidos el doble de judíos que en Europa.

De los 14,4 millones de judíos que hay en el mundo... Estados Unidos representa 5.900.000 personas, es decir, el 41% de la comunidad judía mundial. Los judíos de Estados Unidos representan el 2,7% de la población... Casi el 60% de los judíos del país viven en el noreste, aunque la cuota relativa de esta región parece haber disminuido recientemente. En la región centro-norte vive el 11,9% de la población judía, en el sur el 15,8% y en el oeste el 14,3%. En comparación con la media nacional, los judíos están sobrerrepresentados en el noreste, infrarrepresentados en la región centro-norte y en el sur, y casi igualmente representados en el oeste.

En otras palabras, el judaísmo es una religión urbana, o cada vez más suburbana. Más del 77% de la población judía vive en las catorce mayores ciudades o pueblos del condado. Casi todos los demás judíos estadounidenses viven en ciudades o pueblos. Hay relativamente pocos judíos rurales.[33]

LOS MEJOR EDUCADOS

En el periodo de posguerra, los judíos estadounidenses se convirtieron en el grupo étnico o religioso con mayor nivel educativo de todos los demás. A mediados de la década de 1970, según el estudio *Ethnicity, Denomination, and Inequality* (1976) del padre Andrew M. Greeley, los judíos tenían una media de catorce años de educación, medio año más que los episcopales, el grupo religioso estadounidense de mayor nivel social. Esto suponía medio año más que los episcopales, el grupo religioso estadounidense de mayor nivel social. Mientras que menos de la mitad de los estadounidenses iban a la universidad, más del 80% de los judíos lo hacían y, como muestran las estadísticas de Harvard, Princeton y Yale, los judíos tenían más probabilidades de asistir a

---

[33] Krefetz, pp. 241-242.

instituciones de élite. En 1971, por ejemplo, los judíos representaban el 17% de los estudiantes de universidades privadas.[34]

LOS MAESTROS JUDÍOS "SUPERAN CON CRECES" A LOS GENTILES

En 1940, sólo el 2% de los profesores estadounidenses eran judíos. En la década de 1970, la cifra había aumentado al 10%. La presencia judía de posguerra en el mundo académico es notable no sólo por su elevada proporción, sino también por su perfil distintivo. Los académicos judíos se congregaban en los campos intelectualmente más exigentes -campos que hacían hincapié en el razonamiento abstracto y teórico- y en las instituciones más prestigiosas.

Estaban sobrerrepresentadas en antropología, economía, historia, matemáticas, física y sociología, e infrarrepresentadas en agricultura, educación, economía doméstica, periodismo, biblioteconomía, enfermería y educación física.

La ingeniería eléctrica, la rama más teórica de la ingeniería, tenía una mayor proporción de judíos que la ingeniería mecánica, civil o química. La medicina es una profesión de alto estatus y los judíos están desproporcionadamente representados en bioquímica, bacteriología, fisiología, psicología y otros campos académicos relacionados con la medicina.

Desde cualquier punto de vista posible, Everett Carl Ladd Jr. y Seymour Martin Lipset escribieron en 1975 que los académicos judíos habían "superado con creces a sus colegas gentiles". En aquella época, los judíos constituían una quinta parte del profesorado de las universidades de élite y una cuarta parte del profesorado de la Ivy League. Constituían una proporción aún mayor de los profesores de la Ivy League menores de treinta y cinco años y de los profesores de las facultades de medicina

---

[34] Edward S. Shapiro. *Time for Healing: American Jewry Since World War II* (Baltimore: Johns Hopkins University Press, 1992), p. 100.

y derecho de élite. En 1968, el 38% de los profesores de las facultades de Derecho de élite estadounidenses eran judíos.[35]

UNA CUARTA PARTE DE LOS ESTADOUNIDENSES MÁS RICOS Y EL 30% DE LOS MULTIMILLONARIOS SON JUDÍOS.

Desde principios de los años ochenta, la revista *Forbes* publica una recopilación anual de los cuatrocientos estadounidenses más ricos. Basándose estrictamente en su porcentaje de la población general, debería haber unos doce judíos en esta lista. En cambio, había más de cien. Los judíos, que representan menos del 3% de la población estadounidense, constituyen más de una cuarta parte de los estadounidenses más ricos. Están sobrerrepresentados por un factor de nueve. En cambio, grupos étnicos mucho más numerosos que los judíos -italianos, hispanos, negros y europeos del Este- están escasamente representados en la lista. Cuanto más alta es la clase de activos incluida en la lista de *Forbes*, mayor es el porcentaje de judíos. Más del 30% de los multimillonarios estadounidenses eran judíos. El mismo fenómeno se observa en Canadá, donde las tres familias empresariales más importantes son judías: los Belzberg de Vancouver, los Bronfman de Montreal y los Reichmann de Toronto.

Incluso es posible que *Forbes* subestimara el número de judíos estadounidenses superricos, ya que muchos de ellos se enriquecieron en el sector inmobiliario, el más difícil de evaluar y el más fácil de ocultar.

En el número del 22 de julio de 1986 de *Financial World* se publicó una lista aún más impresionante. En ella se enumeran cien ejecutivos de Wall Street -banqueros de inversión, gestores de fondos, arbitrajistas, especialistas en adquisiciones, especuladores, operadores de materias primas y agentes de bolsa- que ganaron al menos 3 millones de dólares en 1985. La lista comienza con Ivan Boesky, de quien se dice que ganó 100 millones de dólares... Las ganancias de Boesky fueron empequeñecidas por los 500 millones de dólares de Michael Milken al año siguiente... Milken y Boesky eran judíos, al igual que la mitad de las personas citadas por el *Mundo Financiero*. Entre los peces gordos

---

[35] *Ibid*. p. 100-101.

judíos de Wall Street figuran George Soros (93,5 millones de dólares), Asher Edelman (25 millones), Morton Davis (25 millones) y Michael Steinhardt (20 millones).[36]

EL SECTOR INMOBILIARIO, PRINCIPAL FUENTE DE RIQUEZA PARA LOS JUDÍOS

Las fortunas judías se encuentran en muchos campos. Russell Berrie fabrica ositos de peluche, Paul Kalmanovitz posee cervecerías y Arthur Sackler publica revistas médicas.

Pero en ningún campo ha sido más evidente el talento empresarial judío que en el inmobiliario. La mitad de los judíos de la lista *Forbes* hicieron fortuna en el sector inmobiliario, sobre todo en Nueva York. "El judío se dedica al negocio inmobiliario en cuanto puede ahorrar lo suficiente para cerrar el trato", escribió Jacob A. Riis en How the Other Half Lives. Riis en *Cómo vive la otra mitad* (1890).

Con la excepción de algunos intrusos paganos, los promotores inmobiliarios de más éxito de Nueva York eran judíos. Entre ellos estaban Laurence y Preston Tisch, Leonard Stern, Samuel LeFrak y Sol Goldman.

Otras ciudades tenían sus propios barones inmobiliarios judíos: Jerry Moore en Houston, A. Alfred Taubman en Detroit, Walter Shorenstein en San Francisco, Guilford Glazer en Los Ángeles, Melvin y Herbert Simon en Indianápolis, Monte y Alfred Goldman en Oklahoma City, Frank Morgan y Sherman Dreiseszun en Kansas City, Mortimer Zuckerman y Harold Brown en Boston, Stephen Muss en Miami, Harry Weinberg en Baltimore, Neil Bluhm y Judd Malkin en Chicago, y Charles E. Smith en Washington.[37]

---

[36] *Ibid.*, p. 117.

[37] *Ibid.*, p. 120.

MULTIMILLONARIOS INMOBILIARIOS

En la lista de *Forbes* de 1999 de los 400 estadounidenses más ricos, el 23% eran judíos, y de ellos, el 20% había hecho su fortuna en el sector inmobiliario.

... Los miembros judíos de la lista *Forbes* 400 en 1999 con una fortuna inmobiliaria son los siguientes:

- Robert Pritzker 5.500 millones de dólares

- Thomas Pritzker 5.500 millones de dólares

- Marvin Davis 3.500 millones de dólares

- Donald Bren 3.200 millones de dólares

- Leonard Stern 2.400 millones de dólares

- Robert Tisch 2.300 millones de dólares

- Lawrence Tisch 2.100 millones de dólares

- Samuel LeFrak 2.000 millones de dólares

- Sam Zell 1.800 millones de dólares

- Familia Fisher 1.300 millones de dólares

- Familia Durst 1.300 millones de dólares

- Mortimer Zuckerman 1.200 millones de dólares

- Carl Berg 950 millones de dólares

- Alfred Taubman 860 millones de dólares

- Sheldon Solow 800 millones de dólares

- Guilford Glazer 700 millones de dólares[38]

LOS JUDÍOS REPRESENTAN MÁS DEL 11% DE LA ÉLITE ESTADOUNIDENSE

En la década de 1980, en función de los ingresos y la educación, los judíos se encontraban en los escalones superiores de la sociedad estadounidense y habían ascendido a puestos de poder político, económico y social.

A partir de la década de 1960, los judíos dirigieron algunas de las ramas más importantes del gobierno federal, como la Reserva Federal y los Departamentos de Trabajo, Comercio, Estado y Hacienda...

El sistema social era lo suficientemente abierto como para permitir que los judíos se convirtieran en una parte importante de la élite estadounidense.

Según un análisis de los datos del American Leadership Study realizado por los sociólogos Richard D. Alba y Gwen Moore, los judíos han comprometido a más del 11% de la élite estadounidense...[39]

Washington D.C. fue un caso especial. La expansión del gobierno federal en la posguerra provocó un aumento de la población judía del área metropolitana de Washington, que pasó de menos de veinte mil en 1945 a ciento sesenta y cinco mil cuatro décadas después.[40]

LOS JUDÍOS "CREARON LA LLAMADA MAFIA

Fueron los judíos, no los italianos, quienes crearon lo que más tarde se conocería como la Mafia. En los años 20, los italianos empezaron a sustituir a los judíos en la industria del crimen organizado en Nueva

---

[38] Silbiger, p. 72.

[39] Shapiro, pp. 122-123.

[40] *Ibid.* p. 134.

York... Los judíos también eran muy activos en la industria del juego y desarrollaron Las Vegas en la década de 1940.[41]

VIOLENCIA Y SEXO EN LA TELEVISIÓN BAJO LA ÉGIDA DE LOS JUDÍOS

El contenido de las películas de Hollywood y los canales de televisión bajo la égida judía en la década de 1980 difiere notablemente de la textura programática de las películas y canales de radio emitidos por los mag-nats judíos de cine y radiodifusión de la generación anterior.

Las estructuras puritanas derivadas de la cultura protestante dominante han sido prácticamente abandonadas. En la actualidad se hacen concesiones casi ilimitadas a las exigencias del mercado y a la representación rutinaria de la violencia y el sexo en el cine y la televisión.

Los empresarios judíos del entretenimiento suelen tener mucha más formación que sus predecesores, pero los productos que ofrecen suelen ser más vulgares en su contenido, aunque presentados con la mayor habilidad técnica imaginable.[42]

EL PAPEL DOMINANTE DE LOS JUDÍOS EN LA NUEVA CULTURA DE IZQUIERDAS

Académicos judíos y otros intelectuales desempeñaron un papel destacado en la configuración de la cultura de la Nueva Izquierda en las décadas de 1960 y 1970.

A veces, como en los influyentes escritos del sociólogo histórico Immanuel Wallerstein, esta teoría de la nueva izquierda no era más que una versión ligeramente actualizada del marxismo-leninismo tradicional.

---

[41] *Norman F. Cantor. The Sacred Chain: The History of the Jews (Nueva York: HarperCollins Publishers, 1994), p. 389.*

[42] *Ibid. , p. 401.*

En la mayoría de los casos, se trataba de una mezcla del marxismo cultural imaginativo de Benjamin, Adorno y la Escuela de Fráncfort de los años treinta con la vertiente más radical de la tradición freudiana.

El líder en esta dirección fue Herbert Marcuse, producto de la Escuela de Fráncfort y gurú de alto nivel de la Universidad Brandeis, patrocinada por judíos, en las décadas de 1950 y 1960.[43]

EL MOVIMIENTO FEMINISTA

En el exitoso movimiento feminista estadounidense de los años setenta y ochenta también participaron líderes judías. Las mujeres judías no habían desempeñado ningún papel en el movimiento feminista estadounidense de las tres primeras décadas del siglo XX. Esta vez la situación era diferente. Quizás las dos figuras más destacadas del movimiento feminista, Gloria Steinem y Betty Freidan, eran judías. Una tercera teórica feminista destacada, Elizabeth Fox-Genovese, era medio judía. La autora de la novela más vendida de todos los tiempos, traducida a veintisiete idiomas y que celebra la sexualidad femenina, era una judía de clase media alta de Nueva York, Erica Jong.[44]

LOS JUDÍOS DE WALL STREET "SE SALTAN LOS LÍMITES DE LA LEY

Los banqueros de inversión judíos desempeñaron un papel importante, de hecho predominante, en las frenéticas aventuras especulativas de Wall Street en la década de 1980. En el "baile depredador" de los años ochenta, como decía un relato periodístico de gran éxito sobre estos negocios fiscales, el carnet de baile judío estaba lleno, aunque cuando un novelista gentil, Michael Thomas, hizo de la presencia judía en las operaciones especulativas de Wall Street un tema importante de su novela, fue denunciado por antisemitismo por el *New York Times Book Review*. [45] [En los años ochenta, la capacidad de algunos

---

[43] *Ibid*, p. 402.

[44] *Ibid*.

[45] *Ibid*. , p. 403.

multimillonarios judíos para saltarse los límites de la ley y salirse con la suya, con la ayuda de abogados judíos neoyorquinos muy bien pagados y una prensa complaciente, era notable.[46]

COMPRAR DEPORTE PROFESIONAL

En la década de 1990, los multimillonarios judíos demostraron que habían alcanzado la cima de la proeza social y la trascendencia cultural comprando equipos deportivos profesionales, hasta entonces coto privado de los WASP y los mag-nats irlandeses. En 1993, los Giants de Nueva York, el nombre más laureado del deporte profesional, otros dos equipos de la Liga Nacional de Fútbol y dos franquicias de las Grandes Ligas de Béisbol estaban en manos judías. Uno de estos propietarios judíos tenía tanta influencia sobre los demás propietarios que organizó el despido del comisionado de béisbol y asumió el cargo de comisionado en funciones, representando a los propietarios ante un comité del Congreso. En la década de 1930, los judíos estadounidenses pensaban que lo estaban haciendo bien cuando producían unos cuantos campeones de boxeo. Los judíos no tenían que exhibir sus cuerpos sudorosos, eran los dueños de los equipos.[47]

EL PODER DE LA PRENSA

Como en Berlín y Viena antes de Hitler, los judíos desempeñaban un papel importante en el mundo editorial. En 1950, dos de los tres periódicos más influyentes de Estados Unidos, el *New York Times* y el *Washington Post*, eran propiedad de familias judías. Además, ambas familias participaban directamente en la gestión diaria de los periódicos y en la definición de su política editorial.[48]

---

[46] *Ibid.*, p. 404.

[47] *Ibid.*, p. 405.

[48] *Ibid.*

EL PODER DE LAS PALABRAS

Es cierto que los judíos están representados en el sector de los medios de comunicación en un número muy desproporcionado en relación con su porcentaje de población.

Los estudios han demostrado que, aunque los judíos representan poco más del 5% de la prensa nacional -apenas más que su porcentaje de la población-, constituyen una cuarta parte o más de los redactores, editores y productores de los "medios de élite" de Estados Unidos, incluidas las divisiones de noticias de las cadenas, los principales semanarios y los cuatro diarios más importantes (*New York Times, Los Angeles Times, Washington Post, Wall Street Journal*).

En el cambiante mundo de las megacorporaciones mediáticas, los judíos son aún más numerosos. En un artículo de *Vanity* Fair de octubre de 1994 titulado "The New Establishment", en el que se perfilaban los capos de la nueva élite de los medios de comunicación, algo menos de la mitad de las dos docenas de empresarios perfilados eran judíos. Según los editores de la revista, se trata de la verdadera elite estadounidense, "hombres y mujeres de las industrias del entretenimiento, las comunicaciones y la informática cuyas ambiciones e influencia han convertido a Estados Unidos en la única superpotencia real de la era de la información".

Y en algunos sectores clave de los medios de comunicación, especialmente entre los jefes de los estudios de Hollywood, los judíos son tan numerosos que decir que estas empresas están controladas por judíos es poco más que una observación estadística.

"Si existe un poder judío, es el poder de la palabra hablada, el poder de los columnistas judíos y de los creadores de opinión judíos", afirma Eugene Fisher, Director de Relaciones Católico-Judías de la Conferencia Nacional de Obispos Católicos y uno de los más ardientes defensores de la comunidad judía en los círculos religiosos cristianos.

"La comunidad judía es muy culta y tiene mucho que decir. Y si puedes influir en la opinión, puedes influir en los acontecimientos."[49]

EL PESO DE LOS MEDIOS DE COMUNICACIÓN ES SINÓNIMO DE INFLUENCIA POLÍTICA

A pesar de todo el antisemitismo que acecha en las teorías de la conspiración judía, la noción de la influencia judía en los medios de comunicación no es necesariamente antisemita en sí misma. El hecho incómodo es que, de hecho, "los judíos inventaron Hollywood", como dijo el historiador Neal Gabler en el desafortunado subtítulo de su estudio histórico de 1988, *An Empire of Their Own*.

La cámara de cine fue inventada por no judíos, pero la fábrica de sueños de Hollywood fue creada por un puñado de empresarios judíos inmigrantes. Vieron el potencial del cine como herramienta para contar historias y construyeron los estudios, los sistemas de distribución y las salas de cine para promoverlo en todo el país. Estos pocos individuos transformaron una curiosidad tecnológica en una industria multimillonaria.

Una generación más tarde, un joven grupo de empresarios judíos hizo lo mismo con el transmisor de radio, el micrófono y la cámara de televisión....

A finales del siglo XX, Hollywood seguía siendo una industria con fuertes connotaciones étnicas. Prácticamente todos los altos ejecutivos de los grandes estudios eran judíos. Los guionistas, productores y, en menor medida, directores son desproporcionadamente judíos - un estudio reciente demostró que esta cifra alcanzaba el 59% en las películas más rentables.

El peso combinado de tantos judíos en una de las industrias más lucrativas e importantes de Estados Unidos confiere a los judíos de Hollywood un gran poder político.... Pero lo mismo podría decirse, en mucho mayor grado, de otros sectores de actividad en los que hay

---

[49] J. J. Goldberg. *Jewish Power: Inside the American Jewish Establishment*. (Reading, Massachusetts: Addison-Wesley Publishing Company, Inc., 1996), p. 280.

grandes concentraciones de judíos: Wall Street, el sector inmobiliario neoyorquino o la industria de la confección.

En cada uno de estos sectores, los judíos forman un bloque importante -una minoría significativa en Wall Street, una casi mayoría en la confección y la propiedad comercial- y han traducido su influencia en una presencia visible en la escena política.[50]

"MEJOR SITUADOS" QUE "LA MAYORÍA DE LOS DEMÁS" GRUPOS

... Aunque el estereotipo de unos judíos uniformemente ricos es erróneo, por término medio están mejor situados que los miembros de la mayoría de los demás grupos étnicos y religiosos. En 1984, por ejemplo, menos de una de cada seis familias judías estadounidenses tenía unos ingresos inferiores a 20.000 euros, en comparación con una de cada dos familias blancas no hispanas.

En el otro extremo de la pirámide de ingresos, el 41% de los hogares judíos tenían ingresos de 50.000 dólares o más, cuatro veces más que los blancos no hispanos.

Una de las razones de esta diferencia es que los judíos están mejor formados que el resto de los estadounidenses. Tres de cada cinco hombres judíos tienen estudios superiores, casi tres veces más que los blancos no hispanos; uno de cada tres tiene un título universitario o profesional, tres veces y media más que el conjunto de la población.

Las disparidades son más o menos las mismas entre mujeres judías y no judías: las primeras tienen el doble de probabilidades que las segundas de ser tituladas superiores y cuatro veces más probabilidades de ser tituladas superiores o de formación profesional.

Hoy, además, la asistencia a la universidad es casi universal entre los jóvenes judíos. Una encuesta nacional realizada en 1980 entre estudiantes de secundaria reveló que el 83% de los estudiantes judíos tenía previsto ir a la universidad y la mitad de ellos esperaba cursar

---

[50] *Ibid.* pp. 286-288.

estudios superiores o profesionales; entre los estudiantes blancos no judíos, la mitad tenía previsto ir a la universidad y menos de una quinta parte esperaba cursar estudios superiores o profesionales.

La diferencia es tanto cualitativa como cuantitativa. Los judíos no sólo están mejor formados, sino que reciben una mejor educación... Desde los años cincuenta o sesenta, cuando las instituciones de la Ivy League adoptaron políticas de admisión meritocráticas, los judíos constituyen aproximadamente un tercio de la población estudiantil de grado y casi el mismo porcentaje en Derecho y Medicina.[51]

¿QUIÉN DOMINA LA "ÉLITE AMERICANA"

Según un estudio de los orígenes étnicos y raciales de las personas incluidas en la edición de 1974-75 de *Who's Who in America*, los judíos tenían dos veces y media más probabilidades de figurar en la lista que los miembros de la población general. Además, como proporción de la población, había más del doble de judíos que de personas de origen inglés, el grupo que antaño dominaba la élite estadounidense. El cambio con respecto al medio siglo anterior es sorprendente: en 1924-25, las personas de origen inglés tenían casi dos veces y media más probabilidades de figurar en la lista que los judíos estadounidenses... En un análisis realizado en 1971-1972 sobre un grupo mucho más reducido de ejecutivos de unos ocho campos de actividad, los sociólogos Richard D. Alba y Gwen Moore constataron una concentración aún mayor.

De las 545 personas estudiadas, el 11,3% eran judías, cuatro veces más que en la población general... El fenómeno no se limita a Estados Unidos. En Gran Bretaña, los judíos representan alrededor del 1% de la población, pero entre el 6 y el 10% de la élite británica; en Australia, donde los judíos representan el 0,5% de la población, constituyen el 5% de la élite...

La representación judía entre los empresarios de éxito es considerablemente mayor que entre los líderes empresariales: alrededor del 23% de las personas que figuraban en la lista *Forbes* de 1984 de los

---

[51] Charles E. Silberman. *A Certain People* (Nueva York: Summit Books/Simon & Schuster, Inc., 1985), pp. 118-119.

400 estadounidenses más ricos eran judíos.... La proporción exacta varía algo de un año a otro.

En 1982, primer año de publicación de los 400 de *Forbes*, 105 miembros del grupo, es decir, el 26%, eran judíos. Esta cifra descendió a 98 (25%) en 1983, cuando el boom bursátil catapultó a varios recién llegados a la lista, y a 93 (23%) en 1984.[52]

LA ÉLITE UNIVERSITARIA ESTADOUNIDENSE

Sea cual sea la proporción exacta (y la élite de una persona es la camarilla de otra), no cabe duda de que los judíos desempeñan un papel importante en la vida intelectual estadounidense.

En 1975, por ejemplo, los judíos representaban el 10% de todos los profesores, pero el 20% de los que enseñaban en universidades de élite; casi la mitad de los profesores judíos -frente al 24% de los episcopales y el 17% de los católicos- enseñaban en las instituciones de más alto rango.

Los profesores judíos también son mucho más propensos a publicar artículos en revistas académicas que sus colegas no judíos; por ejemplo, los judíos representan el 24% de la élite académica, es decir, los que han publicado veinte artículos o más.[53]

PROFESORES DE ESCUELAS DE ÉLITE

La oleada de académicos judíos es relativamente reciente. En 1940, sólo el 2% de los profesores estadounidenses eran judíos. En 1970, esta cifra se había quintuplicado hasta alcanzar el 10%. Las cuotas restrictivas de la primera mitad del siglo llegaron a su fin y una nueva generación de judíos se formó en mayor número.

En la década de 1990, los judíos representaban el 35% de los profesores de las escuelas de élite, y hoy un judío ha sido presidente de casi todas

---

[52] *Ibid.* p. 143-144.

[53] *Ibid.* , p. 144.

las instituciones de élite, incluidas Harvard, Yale, Penn, Columbia, Princeton, el MIT y la Universidad de Chicago.[54]

PROFESORES JUDÍOS MEJOR PAGADOS

Como los judíos suelen asistir a instituciones más prestigiosas y eligen puestos en escuelas profesionales de derecho, medicina, ciencias y comercio, su remuneración es mucho mayor que la del profesor medio.[55]

DECISIÓN CLAVE" EN LOS INFORMATIVOS DE TELEVISIÓN; CASI UN TERCIO DE LA "ÉLITE MEDIÁTICA".

En conjunto, el periodismo se ha convertido en una profesión intelectualmente apasionante, razonablemente bien remunerada y prestigiosa, en la que los judíos desempeñan un papel cada vez más importante.

En 1982, por ejemplo, los judíos representaban algo menos del 6% de la prensa nacional en su conjunto, pero entre el 25 y el 30% de la "élite mediática", es decir, los que trabajaban para el *New York Times*, el *Washington Post* y el *Wall Street Journal, Time, Newsweek* y *U.S. News & World Report*, así como las divisiones de noticias de la CBS, la NBC, la ABC y el Public Broadcasting System y sus principales emisoras. (Un estudio de 1971 cifraba en un 25% el número de judíos en la élite de los medios de comunicación).

Si nos fijamos en los puestos clave de toma de decisiones, el papel de los judíos parece aún más importante.[56]

---

[54] Silbiger, p. 92.

[55] *Ibid.*, p. 93.

[56] Silberman, pp. 152-153.

INFLUYENTE" EN LA "GESTIÓN DE INFORMATIVOS DE TELEVISIÓN".

Los judíos son igualmente influyentes, aunque menos conocidos, en la gestión de los informativos de televisión. Son los corresponsales de la cadena, por supuesto, los que se han convertido en nombres conocidos, incluidos algunos judíos...

Sin embargo, la mayor concentración de judíos se encuentra entre los productores, que son quienes deciden qué temas se emiten, durante cuánto tiempo y en qué orden.

En 1982, antes de un cambio de asignación, los productores ejecutivos de los tres telediarios de la noche eran judíos, al igual que los productores ejecutivos de 60 Minutes, de la CBS, y 20/20, de la ABC.

Hay casi el mismo número de judíos en los puestos de "productor principal" y "productor de programas", así como en puestos directivos.[57]

LIBROS DE O SOBRE JUDÍOS

[La sección de reseñas *del Washington Post* del 18 de octubre de 1992 está llena de libros escritos por judíos o sobre judíos: sobre deportes y la experiencia judía americana; una biografía de Bill Graham, superviviente del Holocausto y gran empresario del rock & roll; la historia de una familia de clase alta neoyorquina infectada de antisemitismo; el retrato en grupo de una sudafricana de su grupo de amigos judíos; el libro de una pareja judía sobre la inversión extranjera en Estados Unidos, en el que se analizan los problemas de las lealtades múltiples y la influencia extranjera junto con cuestiones de asimilación; y el libro de un autor judío sobre la política de la enseñanza superior,

---

[57] *Ibid.* p. 153-154.

en el que se debate el multiculturalismo en términos extraídos de la integración de los judíos en la sociedad estadounidense.[58]

COLUMNISTAS Y COMENTARISTAS PRO-ISRAELÍES

En un artículo publicado en MSNBC.com el 2 de abril de 2003, el escritor judío estadounidense Eric Alterman ofreció una fascinante visión de la preponderancia de los comentarios proisraelíes entre los columnistas y comentaristas de los medios de comunicación estadounidenses, no todos ellos (obviamente) judíos, pero que -en la mayoría de los casos- trabajan para medios de comunicación que a menudo son propiedad absoluta de intereses financieros judíos o están muy influidos por la comunidad judía.

A continuación figura la lista facilitada por Alterman, aunque no se ha incluido una lista considerablemente más reducida de otros columnistas que critican a Israel, entre los que figuran nombres tan obvios como Pat Buchanan.

Tenga en cuenta que el material descriptivo que precede a las diversas listas de nombres es la terminología de Alterman, aunque hemos señalado a los cronistas que no se sabe que eran judíos poniendo sus nombres propios en cursiva. También hemos añadido entre paréntesis material propio, que está claramente marcado como inserción editorial.

Columnistas y comentaristas con los que se puede contar para apoyar a Israel reflexivamente y sin reservas.

- *George Will*, *The Washington Post*, *Newsweek* y ABC News

- William Safire, *The New York Times*

- A.M. Rosenthal, *The New York Daily News*, ex redactor y columnista de The *New York Times*.

---

[58] Barry Rubin. *Assimilation and Its Discontents*. (Nueva York: Times Books/Random House, 1995), p. xiii.

- Charles Krauthammer, *The Washington Post*, PBS, *Time* y *The Weekly Standard*, antes *The New Republic*

- *Michael Kelly, The Washington Post, The Atlantic Monthly, National Journal* y MSNBC.com, anteriormente de *The New Republic* y *The New Yorker* [Ya fallecido - asesinado durante la guerra de Irak].

- Lally Weymouth, *The Washington Post, Newsweek*

[La Sra. Weymouth es medio judía, pues es hija de Katharine Meyer Graham, antigua directora del Washington Post, y de su difunto marido Philip Graham, no judío (e irónicamente antisemita)].

- Martin Peretz, *The New Republic*

- Daniel Pipes, *The New York Post* [Nota: Pipes ha sido citado diciendo que no es judío, pero muchas fuentes afirman lo contrario].

- *Andrea Peyser, The New York Post*

- Dick Morris, *The New York Post*

- Lawrence Kaplan, *The New Republic*

- *William Bennett*, CNN

- William Kristol, *The Washington Post, The Weekly Standard*, Fox News, antes ABC News

- Robert Kagan, *The Washington Post* y *The Weekly Standard*

- Mortimer Zuckerman, *US News and World Report* [Zuckerman fue recientemente Presidente de la Conferencia de Presidentes de las Principales Organizaciones Judías Estadounidenses].

- David Gelernter, *The Weekly Standard*

- John Podhoretz, *The New York Post* y *The Weekly Standard*

- Mona Charen, *The Washington Times*

- Morton Kondracke, *Roll Call*, Fox News, anteriormente del McLaughlin Group, *The New Republic* y PBS

- *Fred Barnes*, *The Weekly Standard*, Fox News, anteriormente *The New Republic*, The McLaughlin Group y *The Baltimore Sun*.

- Sid Zion, *The New York Post, The New York Daily News*

- Yossi Klein Halevi, *The New Republic*

- Norman Podhoretz, *Comentario*

- Jonah Goldberg, *National Review*

- *Laura Ingraham*, CNN, antes MSNBC y CBS News

- Jeff Jacoby, *The Boston Globe*

- Rich Lowry, *National Review*

- *Andrew Sullivan, The New Republic*

- Seth Lipsky, *The Wall Street Journal* y *The New York Sun*, anteriormente del Jewish *Forward*

- Irving Kristol, *The Public Interest, The National Interest* y *The Wall Street Journal* Editorial Page

- *Allan Keyes*, MSNBC, WorldNetDaily.com

- *Brit Hume*, Fox News

- *John Leo, US News and World Report*

- *Robert Bartley*, página editorial *del Wall Street Journal*

- John Fund, *The Wall Street Journal Opinion Journal*, anteriormente de la página editorial *de The Wall Street Journal* [Origen étnico desconocido-Ed.]

- *Peggy Noonan*, página editorial del *Wall Street* Journal,

- Ben Wattenberg, *The Washington Times*, PBS

- *Tony Snow, The Washington Times* y Fox News

- Lawrence Kudlow, *National Review* y CNBC

- Alan Dershowitz, *The Boston Herald, The Washington Times*

- David Horowitz, Frontpage.com

- Jacob Heilbrun, *Los Angeles Times*

- *Thomas Sowell, The Washington Times*

- Frank Gaffney Jr, *The Washington Times* [Nota: se desconoce el origen étnico de Gaffney, aunque ha habido rumores de que nació en una familia gentil pero se convirtió al judaísmo].

- *Emmett Tyrell, The American Spectator* y *The New York Sun*

- *Cal Thomas, The Washington Times*

- *Oliver North, The Washington Times* y Fox News, antes MSNBC

- Michael Ledeen, *Jewish World Review*

- *William F. Buckley, National Review* [Nota: aunque Buckley es ampliamente reconocido como "católico irlandés" y es conocido como un católico devoto, su origen católico romano no proviene, como se cree generalmente, de su padre escocés-irlandés, sino de su madre.

Aunque la madre de Buckley nació en el seno de una familia católica alemana de Nueva Orleans apellidada Steiner, el columnista *del Chicago Tribune* Walter Trohan dijo en privado a sus íntimos que tenía entendido que la familia Steiner era originalmente judía y que se había convertido al catolicismo romano, como hicieron muchas familias judías de Nueva Orleans durante los siglos XVIII y XIX. Es posible que ésta haya sido la primera vez que se publicó la revelación de Trohan. Sin embargo, por conveniencia, trataremos aquí a Buckley como "no judío", independientemente de su ascendencia declarada].

- *Bill O'Reilly*, Fox News

- *Paul Greenberg, Arkansas Democrat-Gazette*

- *L. Brent Bozell, The Washington Times*

- *Todd Lindberg, The Washington Times*

- *Michael Barone, US News and World Report* y The McLaughlin Group

- *Ann Coulter, Human Events*

- *Linda Chavez*, Creators Syndicate [Nota: aunque la Sra. Chavez fue educada como católica, su marido es judío y se rumorea que se ha convertido al judaísmo].

- Cathy Young, *Reason* Magazine [Nota: los redactores desconocen el origen étnico de la Sra. Young].

- Uri Dan, *New York Post*

- Laura Schlessinger, presentadora de radio

- *Rush Limbaugh*, presentador de radio

Publicaciones que, por razones de propiedad o editor, pueden considerarse de apoyo reflexivo y sin reservas a Israel

- *The New Republic* (Martin Peretz, Michael Steinhardt, Roger Hertog, Propietarios)

- *Comentario* (Comité Judío Americano, propietario)

- *US News and World Report* (Mortimer Zuckerman, propietario)

- *The New York Daily News* (Mortimer Zuckerman, propietario)

- *The New York Post* (Rupert Murdoch, propietario) [Nota: Murdoch es de origen judío, al menos en parte].

- *The Weekly* Standard (Rupert Murdoch, propietario)

- Página editorial del *Wall Street* Journal (Peter Kann, redactor jefe)

- *The Atlantic Monthly (Michael Kelly,* redactor jefe) [Nota: Kelly ya ha fallecido, pero la revista, propiedad del ya mencionado Mortimer Zuckerman, sigue firmemente en el bando israelí].

Es probable que los columnistas sean críticos tanto con Israel como con los palestinos, pero se consideran partidarios de Israel y, en última instancia, apoyarían la seguridad israelí antes que los derechos palestinos.

- Thomas Friedman, *The New York Times*

- Richard Cohen, *The Washington Post* y *New York Daily News*

- Avishai Margolit, *The New York Review of Books*

- David Remnick, *The New Yorker*

- Eric Alterman, *The Nation* y MSNBC.com

- Consejo editorial *del New York Times*

- Consejo editorial *del Washington Post*[59]

Evidentemente, las listas de Alterman son muy instructivas y demuestran sin lugar a dudas que, cuando se trata de la cobertura mediática de la cuestión de Oriente Próximo, predomina un sesgo judío y proisraelí.

Los nombres de las listas de Alterman son prácticamente la "crème de la crème" de la élite mediática estadounidense. Cualquiera que sugiera que no existe un sesgo pro-israelí por parte de los comentaristas de la élite mediática está hablando desde una agenda y, por lo tanto, debe ser descartado.

Huelga decir que no todos los nombres de las listas de Alterman son judíos, ni mucho menos, por lo que no puede decirse que "sólo los columnistas judíos son pro-Israel". De hecho, muchos escritores no judíos han adoptado una postura servilmente pro-israelí y, francamente, ha sido bastante bueno para sus carreras. Y puede que sea la mejor explicación de por qué personas por lo demás inteligentes y equilibradas parecen perder de repente todo sentido común por el único

---

[59] Eric Alterman en MSNBC.com

tema de Israel. En resumen, promover a Israel es un negocio lucrativo, ¡aunque a menudo sea malo para Estados Unidos

EL EFECTO JOE LIEBERMAN: DINERO JUDÍO "OCULTO AL PÚBLICO"

Nadie sabe con certeza cuánto dinero del Partido Demócrata procede de contribuyentes judíos ("Ni siquiera tenemos estadísticas al respecto", dice el Comité Nacional Demócrata), pero las estimaciones de fuentes bien informadas -que declinaron hacer comentarios- empiezan en el 30% y suben a partir de ahí.

Según el Center for Responsive Politics, los judíos representan más de un tercio de los mayores donantes individuales del DNC (a partir de 100.000 dólares), según los informes publicados por la Comisión Federal Electoral [en agosto de 2000]....

Si nos atenemos a los datos anecdóticos, el DNC podría recaudar entre 5 y 30 millones de dólares (hasta un 75% más de lo que los judíos han donado en anteriores ciclos electorales), además de su objetivo de recaudación de al menos 130 millones de dólares. Unos 30 millones adicionales equivaldrían a casi la totalidad de lo que los demócratas gastaron en publicidad este verano.

En una carrera reñida en la que los republicanos tienen una ligera ventaja financiera, el dinero extra de los demócratas podría marcar la diferencia, probablemente más que el cambio más drástico en los votantes judíos...

Potencialmente más significativo es el modo en que la elección del senador por Connecticut transforma a los recaudadores de fondos para causas judías en recaudadores de fondos para Gore-Lieberman... ¿Hará alguna diferencia el notable esfuerzo financiero de la comunidad judía para la candidatura demócrata? No, ni que decir tiene, como podría imaginar Pat Buchanan.

Los donantes judíos de Gore y Lieberman no pretenden que la candidatura responda a "intereses judíos" de ningún tipo. Discrepan entre sí en muchas cuestiones políticas, y su apoyo es más un acto de orgullo comunitario que una inversión en un comportamiento futuro. Pero las donaciones podrían influir en las elecciones. Así que, en una extraña nota histórica a pie de página, el efecto electoral más importante de la selección de Joe Lieberman puede permanecer en gran medida oculto a un público que, por lo demás, parece obsesionado con las minucias de su candidatura.[60]

EL SECRETO DE LA OPULENCIA JUDÍA

Max Geltman, un reaccionario identificado con *National Review*, reveló en su libro, *The Confrontation*, que: "Ahora es un secreto a voces que en 1957 el Comité Judío Americano intercedió ante la Oficina del Censo en Washington y le rogó que no preguntara sobre los ingresos relacionados con los grupos nacionales en el censo de 1960, no fuera que los niveles de ingresos comparativamente altos de la minoría judía provocaran ultrajes antisemitas. La Oficina accedió".[61]

EL GRUPO ÉTNICO MÁS RICO

Aunque [los judíos] representan el 2,54% de la población, reciben alrededor del 5% de la renta nacional. Los judíos representan casi el 7% de las clases media y alta del país.

En 1972, casi 900.000 de los dos millones de familias judías pertenecían a las clases media y alta, mientras que sólo 13,5 millones de los 53 millones de familias estadounidenses estaban clasificadas en esta categoría. Según [Gerald Krefetz, en *Jews and Money*], el 43% de todos los judíos ganaban más de 16.000 dólares, frente a sólo el 25,5% de todos los estadounidenses. Mientras que algo menos del 5% de la población judía pertenece a familias millonarias, los judíos representaban entre el 23% y el 26% de los 400 estadounidenses más ricos entre 1982 y 1985, y quizás más de la población de contribuyentes millonarios, estimada en 574.342 en 1980.

No cabe duda de que, por término medio, los judíos estadounidenses son el grupo étnico o religioso más rico del país. Según el *American*

---

[60] "Jewish Appeal - ¿Puede Lieberman salvar la brecha en la recaudación de fondos? Sarah Wildman, en el número del 18 de septiembre de 2000 de *The New Republic*.

[61] Lenni Brenner. *Jews in America Today* (Seacaucus, Nueva Jersey: Lyle Stuart, 1986), p. 61.

Demographics de junio de 1984, la renta media anual de los hogares judíos es de 23.300 dólares, frente a los 21.700 dólares de los episcopales. Los presbiterianos reciben 20.500 $, las personas sin afiliación religiosa 17.600 $, los católicos 17.400 $, los metodistas 17.000 $ y los luteranos 16. $ de media. Los fundamentalistas blancos y los baptistas del Sur ganan más de 14.000 dólares. Las estadísticas muestran que los judíos ganan más que los episcopales y los presbiterianos, el arquetipo de los WASPS, desde finales de los años 60...

Lejos de ser una élite paria, los judíos estadounidenses ricos de hoy son socios de pleno derecho de sus homólogos cristianos.[62]

UN QUIÉN ES QUIÉN DE LA ÉLITE JUDÍA...

He aquí una lista de judíos estadounidenses ricos, el origen de su riqueza y una estimación de su patrimonio (en dólares de 1986), elaborada por el escritor judío estadounidense Lenni Brenner, basándose en particular en la famosa lista *Forbes* 400 de los estadounidenses más ricos. Más adelante se presenta una lista más reciente (basada en cifras de 2004), pero la lista en sí es instructiva:

Leonard Abramson
U.S. Health Care Systems, Inc.
140 millones de dólares

Charles, Herbert & Herbert A. Allen.
Bolsa y bienes inmuebles
549 millones de

Walter Annenberg
850 millones de dólares

Ted Arison
Cruceros Carnival, inmobiliaria, casinos
300 millones de dólares

Robert Arnow, Jack y Alan Weiler
Reparto de 450 millones de dólares en bienes inmuebles

Arthur Belfer
Petróleo peruano, bienes raíces en Nueva York
475 millones de dólares

---

[62] *Ibid.* p. 64-65.

Enid Annenberg Haupt
180 millones de dólares

Esther Annenberg Simon
180 millones de dólares

Jeannette Annenberg Hooker
180 millones de dólares

Lita Annenberg Hazen
180 millones de dólares

Sala Evelyn Annenberg
180 millones de dólares

Edmund Ansin
Sunbeam TV Corp.
200 millones de dólares

C. Douglas Dillon
150 millones de dólares

Richard Cena
Suegros de la familia Swig
(Inmobiliaria en San Francisco)
Patrimonio familiar total: 450 millones de dólares
Sherman Dreiseszun y Frank Morgan
Inmobiliaria en Kansas City bancos, centros comerciales
300 millones de euros

Edward y Sherman Cohen
Propiedad y construcción
330 millones de euros

Familia Belz de Memphis, Tennessee
Inmobiliario
250 millones de euros

Charles Benenson
Inmobiliario
200 millones

Familia Blaustein
850 millones de euros

Paul Block y William Block
Edición
300 millones de euros

Neil Bluhm
Propiedad/Chicago
300 millones de euros

Judd Malkin
Propiedad/Chicago
300 millones de euros

Ivan Boesky
150 millones de dólares

Donald Bren
Inmobiliario
525 millones de euros

Edgar Bronfman
665 millones

David, Roy y Seymour Durst
Inmobiliario
550 millones de euros

Seymour Cohn
550 millones de euros

Henry y Lester Crown
1.100 millones

Morton Davidowitz
(alias Morton Davis)
D. H. Corretaje Blair
200 millones de dólares

Leonard Davis
Seguro colectivo Colonial Penn
230 millones de dólares

Marvin Davis
Compañía petrolera Davis
"sigue siendo multimillonario
Forbes en 1985.

Alfred y Monte Goldman
Inmobiliario;
Papá inventó el carrito del supermercado.
400 millones de euros

Sol Goldman
Antiguo mayor propietario de Nueva York
450 millones de euros

Katharine Graham
El imperio editorial *del Washington Post*
350 millones de euros

Pincus Green y Marc Rich
Comerciantes de materias primas
200 millones cada uno

Familia Haas
Herederos del imperio Levi Strauss
775 millones

Jane Engelhard
Viuda del "Rey del Platino"
365 millones de dólares

Harold Farb
Inmobiliaria en Houston
150 millones de dólares

Larry y Zachary Fisher
Inmobiliaria en Nueva York
600 millones de euros

Max Fisher
Intereses petroleros y petroquímicos estadounidenses e israelíes
225 millones de dólares

Michel Friburgo
Controla el 20% del comercio mundial de cereales
700 millones de dólares

Paul Kalmanovitz
Cervezas Falstaff y Pabst, bienes inmuebles
250 millones de dólares

Howard Kaskel
Inmobiliario
250 millones de dólares

Edwin Marion Kauffman
Laboratorios Marion. Reales de Kansas City
190 millones de dólares

George Kozmetsky
Teledyne y otras inversiones
175 millones de euros

Carl y George Landegger
Fábricas de papel
250 millones de dólares

Armand Hammer
150 millones de dólares

Leon Hess
Aceite de Hess
360 millones de dólares

Familia Horvitz
Florida inmobiliaria, televisión por cable
250 millones de dólares

Peter Kalikow
Inmobiliario
375 millones de euros

Leonard Litwin
Inmobiliario
200 millones de dólares

John Loeb
Shearson Lehman/American Express;
150 millones de dólares

Robert Lurie
Bienes inmuebles; béisbol de los New York Giants
200 millones de dólares

Familia Mack
Demolición de edificios
250 millones de dólares

Jack, Joseph y Morton Mandel
Premier Industrial Corp.
260 millones de euros

Leonard Marx
Inmobiliario
300 millones de euros

Leonard y Ronald Lauder
Herederos de los cosméticos Estee Lauder
700 millones de dólares

Norman Lear
Productor de televisión
175 millones de euros

Sam LeFrak
El mayor propietario de pisos de Estados Unidos;
800 millones de dólares

Leon Levine
Tiendas Family Dollar
315 millones de euros

Paul y Seymour Millstein
Inmobiliario
275 millones de euros

Stephen Muss
Inmobiliario
200 millones de dólares

S. I. Newhouse
El imperio mediático
2.200 millones de euros

Robert Olnick
Inmobiliario
200 millones

Max Palevsky
Ordenadores
200 millones de dólares

Familia William Paley
La fortuna de la televisión CBS
290 millones de euros

Bernard Mendik
Inmobiliario
180 millones de dólares

Dominique de Menil
Hija de Conrad Schlumberger
200 millones

Syms
Ropa a precios de ganga
210 millones de euros

Precio del Sol
Comerciante
200 millones

La familia Pritzker
Hoteles Hyatt
1.500 millones

Familia Pulitzer
Louis Post Dispatch fortuna
475 millones de euros

Familia Resnick
inmobiliario, construcción
250 millones de dólares

Meshulum Riklis
Corporación Rapid American
150 millones de dólares

Famille rose
Inmobiliario
250 millones de dólares

Familia Rosenwald
Sears & Roebuck fortuna
300 millones de euros

Jack Parker
Inmobiliario, confección
300 millones de euros

Milton Petrie
Petrie tiendas, centros comerciales
585 millones de euros

Victor Posner
Sharon Steel, Can Nacional
250 millones de dólares

Familia Schnitzer
Acero, transporte, inmobiliario
250 millones de euros

Familia Shapiro
Conos, vasos, productos de papel desechables
350 millones de euros
(repartido entre 70 miembros de la familia)

Peter Sharp
Inmobiliario
250 millones de dólares

Leonard Shoen
U-Haul
300 millones de euros

Walter Shorenstein
Inmobiliario
300 millones de euros

Lawrence Silverstein
Presidente - Consejo Inmobiliario de Nueva York
180 millones de dólares

Herbert y Melvin Simon
Centros comerciales
385 millones de dólares en total

Jack y Lewis Rudin
Inmobiliario
700 millones de dólares

Arthur Sackler
Edición médica, publicidad
175 millones de euros

Stanley Stahl
Inmobiliario
250 millones de dólares

Ray Stark
Películas cinematográficas
150 millones de dólares

Saul Steinberg
Seguros financieros/Reliance
400 millones de euros

Leonard Stern
Comida para mascotas Hartz Mountain
550 millones de euros

Familia Stone
Stone Container Co.
200 millones

Familia Sulzberger
El imperio mediático *del New York Times*
450 millones de euros

Familia Swig
Inmobiliario
300 millones de euros

Sydney Taper
First Charter Financial Corporation
300 millones de euros

Norton Simon
Industrial
200 millones de dólares

Sheldow Solow
Inmobiliario
250 millones de dólares

A. Alfred Taubman
Inmobiliario, comida rápida
600 millones de euros

Lawrence y Preston Tisch
Loews Corporation, CBS,
Relojes Bulova
Valor combinado: 1.700 millones de dólares

Lew Wasserman
Agencia de talentos MCA
220 millones de dólares

Familia Weiler
Inmobiliario
240 millones de euros

Harry Weinberg
Inmobiliario, valores, empresas de autobuses
550 millones de euros

Leslie Wexner
2.500 tiendas de ropa especializadas
Una familia que vale mil millones de dólares

Lawrence Wien
Inmobiliario
150 millones de dólares

Familia Wirtz
Inmobiliaria, distribución de bebidas alcohólicas,
Chicago Black Hawks, Bulls
350 millones de euros

Laszlo Tauber
Inmobiliario
(el mayor donante del gobierno estadounidense)
300 millones de euros

Familia Wolfson
Cines, canales de televisión
240 millones de euros

Familia William Ziff
Ziff-Davis editores
650 millones de dólares

William Zimmerman
Tiendas de gangas Pic-n-Save
150 millones de dólares

Ezra Khedouri Zilkha
Banco de inversiones, armas de fuego Colt
150 millones de dólares

Mortimer Zuckerman
Inmobiliaria, editorial,
U.S. News & World Report, Atlantic, New York Daily News
200 millones de dólares[63]

Por supuesto, como hemos señalado, los nombres y las cantidades en dólares están constantemente sujetos a cambios, y más adelante en estas páginas echaremos un vistazo más actualizado (utilizando la lista *Forbes* 400 de 2004) a aquellos que, entre la élite sionista, han entrado en la lista de los más ricos de Estados Unidos y, de hecho, del mundo.

Por supuesto, la lista *Forbes* 400 no incluye a las familias y personas que se sitúan por debajo de los 400 primeros, y cabe señalar que una lista de este tipo -por ejemplo, los 1.000 más ricos- sería muy reveladora.

Y como *Forbes* no clasifica los nombres por orden de prioridad, sino sólo por orden alfabético, a menudo es difícil determinar, a primera vista, el predominio de nombres judíos -o irlandeses o italianos, para el caso- en la lista.

No obstante, las clasificaciones *de Forbes* son muy instructivas y demuestran sin lugar a dudas que las familias sionistas han logrado una inmensa riqueza en la América actual.

Aunque oímos hablar mucho de los "delitos motivados por el odio" y del "auge del antisemitismo" y del horror de los crímenes cometidos

---

[63] Esta lista está tomada, de forma abreviada, de las páginas 65 a 78 de *Jews in America Today*, de Lenni Brenner.

contra el pueblo judío en el pasado, los mismos medios de comunicación que nos hablan de todo esto no parecen dispuestos a señalar que el pueblo judío de Estados Unidos tiene riquezas que van más allá de la imaginación más descabellada de la mayoría de la gente.

Pero sigamos...

LO QUE CREEN LOS LÍDERES JUDÍOS...

El estudio más importante sobre el liderazgo de los jóvenes [activistas comunitarios judíos] es el del profesor de Brandeis Jonathan Woocher "The 'Civil Judaism' of Communal Leaders", publicado en el *American Jewish Year Book* de 1981. Estudió a 309 participantes de clase media y media-alta en los programas de desarrollo de liderazgo de la United Jewish Appeal y las federaciones comunitarias. Según el profesor...

"Casi el 65% de ellos niega que los valores judíos sean fundamentalmente los mismos que los de todas las religiones, y más de tres cuartas partes reconocen una responsabilidad judía "especial" en la lucha por la justicia en el mundo...

"Casi el 60%... considera que la contribución judía a la civilización moderna es más importante que la de cualquier otro pueblo... El 70%... afirma sentir más emoción al escuchar "Hatikvah" (himno de Israel) que al escuchar "The Star Spangled Banner"... una mayoría rechaza la proposición de que un judío estadounidense deba su principal lealtad a Estados Unidos.

"Además, mientras que todos los estadounidenses, salvo un puñado, están contentos de ser estadounidenses, sólo el 54% está muy contento de serlo, frente al 86% que dice estar muy contento de ser judío.... El 63%... dice explícitamente que los judíos son el pueblo elegido (y sólo el 18% está en desacuerdo)". [64]

---

[64] Citado en Brenner, p. 111.

LA INFLUENCIA POLÍTICA VA MÁS ALLÁ DE LAS CIFRAS

... [Siendo los judíos el grupo más rico del país, es natural que, como escribió Will Maslow, Consejero General del Congreso Judío Americano, [en *The Structure and Functioning of the American Jewish Community*]:

"El porcentaje de judíos... que participan en los asuntos del partido como responsables de la toma de decisiones y recaudadores de fondos es probablemente mayor que el de cualquier otro grupo racial, religioso o étnico. El resultado es que los judíos desempeñan un papel en la vida política del país cuya importancia supera con creces su proporción en la población total."[65]

JUDÍOS EN EL SENADO DE LOS EE.UU.

Barbara Boxer (D-Calif.)	Norm Coleman (R-Minn.)
Russ Feingold (D-Wis.)	Dianne Feinstein (D-Calif.)
Herb Kohl (D-Wis.)	Frank Lautenberg (D-N.J.)
Carl Levin (D-Mich.)	Charles Schumer (D-N.Y.)
Arlen Specter (R-Pa.)	Ron Wyden (D-Ore.)

JUDÍOS EN LA CÁMARA DE REPRESENTANTES DE LOS ESTADOS UNIDOS

Gary Ackerman (D-N.Y.)	Shelley Berkley (D-Nev.)
Howard Berman (D-Calif.)	Eric Cantor (R-Va.)
Ben Cardin (D-Maryland)	Susan Davis (D-Calif.)
Rahm Emanuel (D-Ill.)	Eliot Engel (D-N.Y.)

---

[65] Brenner, pp. 120-121.

Bob Filner (D-Calif.)

Jane Harman (D-Ca.)

Tom Lantos (D-Calif.)

Nita Lowey (D-N.Y.)

Steve Rothman (D-N.J.)

Jan Schakowsky (D-Ill.)

Debbie Wasserman Schulz (D-Fla.)

Brad Sherman (D-Calif.)

Anthony Weiner (D-N.Y.)

Barney Frank (D-Mass.)

Steve Israel (D-N.Y.)

Sander Levin (D-Mich.)

Jerrold Nadler (D-N.Y.)

Bernie Sanders (I-Vt.)

Adam Schiff (D-Calif.)

Allyson Schwartz (D-Pa.)

Henry Waxman (D-Calif.)

Robert Wexler (D-Fla.)

CASI EL DOBLE DE PODER DE VOTO

Los judíos constituyen el 10,6% de la población del Estado de Nueva York. Constituyen el 5,9% de la población de Nueva Jersey, con 100.000 personas en el condado de Bergen y otras 95.000 en el condado de Essex. Los judíos constituyen el 4,8% de la población del Distrito de Columbia. Representan el 4,7% de la población de Florida, con 225.000 sólo en Miami. Representan el 4,6% de Maryland, con 100.000 personas en los condados de Montgomery y Prince Georges y 92.000 en Baltimore, y el 4,3% de Massachusetts, con 170.000 judíos en Boston.

Puede que sólo representen el 3,2% de los californianos, pero hay 500.870 judíos en el área de Los Ángeles y 75.000 judíos constituyen alrededor del 10% de la población de San Francisco. Filadelfia tiene 295.000 judíos y Chicago 253.000.

Los judíos, el segmento más culto del electorado, votan en mayor proporción que cualquier otro grupo étnico o religioso.

El 92% de los judíos vota en las elecciones nacionales, frente a sólo el 54% de la población general. Puede que los judíos sólo representen el 10,6% del Estado de Nueva York, pero constituyen entre el 16% y el 20% de los votantes. Y lo que es más importante, constituyeron el 30% de los votantes en las primarias demócratas de abril de 1984 en el Estado de Nueva York, y se calcula que representaron el 41% de los votos de Mondale. Suelen representar cerca del 50% de los votantes demócratas en las elecciones municipales.[66]

LOS JUDÍOS "AMPLIFICAN SU PODER DE VOTO

Aunque los judíos constituyen una pequeña minoría, ejercen su derecho al voto y refuerzan así su poder electoral. Alrededor del 80% de los judíos con derecho a voto en EE.UU. están inscritos en el censo electoral, frente a aproximadamente el 50% de todos los adultos en edad de votar. Además, los judíos registrados tienen el doble de probabilidades de votar. La combinación de ambos triplica el poder de voto de los judíos. Además, el 81% de los judíos viven en sólo nueve estados, lo que les convierte en un importante bloque político, sobre todo a nivel nacional. En las elecciones presidenciales, estos nueve estados suman 202 de los 535 votos del colegio electoral. Por tanto, la población judía podría inclinar la balanza en unas elecciones presidenciales reñidas.[67]

CONCENTRACIÓN DE LA POBLACIÓN JUDÍA Y PORCENTAJE DEL ELECTORADO TOTAL

	de judíos	del electorado
Nueva York	9.0	18.3
Nueva Jersey	5.5	9.9
Florida	4.7	8.2
Massachusetts	4.5	8.3
Maryland	4.3	8.1
Connecticut	3.0	6.2
California	3.0	6.2

---

[66] *Ibid*. p. 119-120.

[67] Silbiger, p. 53.

Pensilvania	2.7	4.9
Illinois	2.3	3.9

FUENTE [68]

COMITÉS JUDÍOS DE ACCIÓN POLÍTICA (PAC)

La siguiente es una lista ilustrativa, pero de ningún modo exhaustiva, de los comités de acción política (PAC) que operan actualmente en la esfera de influencia judía estadounidense. Casi todos ellos llevan nombres totalmente inocuos que no reflejan su sesgo judío o proisraelí. De hecho, la mayoría (si no todos) de estos PAC están orientados a elegir candidatos proisraelíes, y su influencia combinada indica un asombroso conglomerado de poder financiero y político.

Aunque, al principio, enumerar esta lista aparentemente interminable de nombres que, a primera vista, no significan gran cosa, puede parecer un terrible desperdicio de la página impresa, merece la pena tener en cuenta que estos PAC -tan extendidos por toda América- tienen desde hace tiempo la capacidad de trabajar juntos para elegir a los candidatos de su elección. Por supuesto, todos ellos afirman que son "independientes" entre sí, ¡pero quien se crea eso está dispuesto a creerse cualquier cosa

PAC nacional (Washington, DC)

Comité de Acción Conjunta para Asuntos Políticos (Illinois)

Comité de Acción Política Organizada de Ciudadanos (California)

Desert caucus (Arizona)

Delaware Valley PAC (Pensilvania)

PAC del 24º distrito del Congreso de California

Hudson Valley PAC (Nueva York)

Comité de la Capital de Texas

---

[68] Ibid.

PAC de East Midwood (Nueva York)

Balpac (Illinois)

PAC Buen Gobierno de Connecticut

City PAC (Illinois)

Gold Coast PAC (Florida)

Comité Electoral del Condado de Orange (California) South Bay Citizens for Good Government (California) Icepac (Nueva York)

Topac (Illinois)

Long Island PAC (Nueva York)

Comité de Acción Gubernamental (Texas)

Kings County PAC (Nueva York)

Ocean State PAC (Rhode Island)

Tennesseeans for Better Government

Estadounidenses por un Congreso Mejor (Illinois)

Ciudadanos de Carolina del Sur a favor de un gobierno representativo

Silver State PAC (Nevada)

Por la integridad en el gobierno (Texas)

Badger PAC (Wisconsin)

Caucus del sur de Florida

Suffolk PAC (Nueva York)

Young Americans PAC (California)

Seattle PAC (Estado de Washington)

Freedom Fund (Washington, DC)

Chaipac (Misuri)

Comité Político de Walters Construction Management (Colorado) Garden PAC (Nueva Jersey)

PAC del Norte de Nueva Jersey (Nueva Jersey)

Americans for Better Citizenship (Nueva York)

AG PAC (Iowa)

PAC para la región del sur de Texas

PAC del noreste de Pensilvania

Heritage PAC (Massachusetts)

Chipac/una organización sin ánimo de lucro de Illinois

Mississippians for responsible government

Comité del Congreso de Florida

Ciudadanos de Luisiana por un Gobierno Mejor

Mesa Redonda PAC (Nueva York)

San Franciscanos por un buen gobierno

Estadounidenses por un Buen Gobierno (Alabama)

Comité de Acción Nacional (Florida)

National Bipartisan PAC (Washington, DC)

Comité Político de Mujeres de Hollywood

PAC de Mid-Manhattan

Citizens Concerned for the National Interest (Illinois) Ciudadanos de Arizona con intereses políticos

Mopac (Michigan)

Garden State PAC (Nueva Jersey)

Pacific PAC (California)

Comité de Campaña del Congreso de Massachusetts

Comité de Acción del Congreso de Texas

PAC multilateral (Illinois)

Les Louisianais pour la sécurité américaine (Los Luisianos por la Seguridad Americana)

Women's Pro-Israel National PAC (Washington, DC) Ciudadanos de Georgia por un Buen Gobierno

Comité de los 18 (Colorado)

Chicagoans for a Better Congress (Illinois)

San Diego Community PAC (California)

Heartland PAC (Washington, DC)

Tx PAC (Texas)

Proteger nuestro patrimonio (Illinois)

Louis PAC

Asociación de Buen Gobierno de la Región de Sacramento

Comité de Religión y Tolerancia (Washington, DC) Adler Group, Inc. PAC (Florida)

R R D et B Good Government Committee (Washington, D.C.) Baypac (Florida)

Asociación de Ciudadanos Preocupados de Maryland

Campaign for America (Nueva Jersey)

Five Towns PAC (Nueva York)

Cap PAC (Washington, DC)

Lower Westchester PAC (Nueva York)

Freedom Now (California)

Southwest Political Action Caucus (Nuevo México)

Costa de los Bárbaros (California)

Pac estatal (Nueva York)

PAC Pensilvania

Wilamette PAC (Oregón)

South-Brook PAC (Nueva York)

Movilización PAC (Nueva York)[69]

Y aunque parezca mentira, ¡esta lista ni siquiera está completa! Pero es sin duda una muestra representativa que demuestra cómo los sionistas han disfrazado hábilmente sus PAC bajo nombres inocuos.

---

[69] A lo largo de los años han aparecido listas de comités judíos de acción política en una gran variedad de publicaciones y en Internet. Este conjunto de PAC judíos es un conglomerado de varias de esas listas.

Los PAC van y vienen, pero los de orientación judía han demostrado ser de los más duraderos, y resulta irónico que estas organizaciones políticamente influyentes surgieran tras el escándalo Watergate, en un momento en que la "reforma" estaba en el aire.

De hecho, como demuestra la creciente influencia de estos PAC, las "reformas" posteriores al Watergate han dado lugar a la institución efectiva del poder político judío en el escenario estadounidense, quizá de una forma nunca vista.

INMIGRANTES ISRAELÍES Y DELINCUENCIA ORGANIZADA

Entre 1950 y 1979, 96.504 ciudadanos israelíes obtuvieron la condición de inmigrantes legales en este país. El número de inmigrantes ilegales se estima en 23.000. Los israelíes nacidos en el país constituyen la mayoría desde 1966, y alrededor del 75% desde 1978. El número de inmigrantes aumenta alrededor de un 10% cada año. Algo menos de uno de cada 50 judíos estadounidenses es ahora un antiguo israelí.

Tres cuartas partes de ellos viven en Nueva York, Nueva Jersey, Illinois o California, la mayoría en zonas de alta concentración judía. Más del 70% son profesionales y trabajadores de cuello blanco, pero alrededor del 5% trabajan en el sector servicios, sobre todo como taxistas y a veces como propietarios de flotas.

Su alto perfil dio al público la ilusión de que la mayoría de los emigrantes pertenecían a la clase baja. Sin embargo, hay un elemento que ha provocado profundos prejuicios en muchos judíos hacia ellos. El 29 de abril de 1984, el *Jerusalem Post* informó de que un estudio del Comité Judicial del Senado estadounidense estimaba que "unas 1.000 personas" estaban implicadas "en una miríada de actividades delictivas organizadas".

Sus actividades se desarrollan en Nueva York, California y otros lugares, e incluyen "fraude de seguros, facturación ficticia, fraude de quiebra, extorsión, tráfico de drogas, inmigración ilegal y homicidio....

Estos israelíes están muy implicados en la importación y distribución de estupefacientes, en particular cocaína y heroína".[70]

LOS JUDÍOS Y EL PARTIDO COMUNISTA - EE.UU.

No existen cifras exactas, pero es seguro que la proporción de judíos en el Partido Comunista de Estados Unidos superaba a la de cualquier otra comunidad étnica. Puede estimarse que entre el 40 y el 50% de los miembros del partido eran judíos entre finales de los años 30 y mediados de los 40.[71]

LAS MUJERES JUDÍAS SUPERAN EN NÚMERO A LAS NO JUDÍAS

[Un estudio realizado en 1990 reveló que el 78% de los hombres judíos mayores de veinticinco años había asistido al menos a una universidad, frente a sólo el 42% de los hombres blancos: el 65% de los hombres judíos había obtenido un título, frente al 57% de los hombres blancos; el 32% había cursado estudios superiores, frente a sólo el 11% de los hombres blancos. Las mujeres judías también disfrutaban de una gran ventaja educativa sobre las no judías, con una tasa de asistencia a la universidad del 60%, frente al 34% de todas las mujeres blancas. Quizá esto explique por qué tantas mujeres judías estuvieron entre las pioneras del movimiento feminista.... Según el número de abril de 1999 de la revista *Biography*, el 50% de las "25 mujeres más poderosas" eran judías o tenían padres judíos.[72]

CLUB "SECRETO" DE MULTIMILLONARIOS JUDÍOS

En mayo de 1998, el *Wall Street Journal* informó de la existencia de un "club laxo y secreto de veinte de los empresarios judíos más ricos e influyentes de Estados Unidos", denominado "Mega Group" o "Study

---

[70] Brenner, pp. 32-33.

[71] *Ibid.*, p. 46.

[72] Steven Silbiger. *The Jewish Phenomenon* (Atlanta, Georgia: The Longstreet Press, 2000), p. 24.

Group". Leslie Wexner, presidente de The Limited, y Charles Bronfman, copresidente de Seagram Co. fundaron el grupo en 1991.

Reunidos dos veces al año durante dos días, los miembros asisten a una serie de seminarios relacionados con la filantropía y los judíos. Ante una generación de inmigrantes que envejece, un recuerdo borroso del Holocausto y un alto índice de matrimonios mixtos, el grupo se esfuerza por mantener el impulso filantrópico y la identidad judía. Esta acomodada comunidad permite a sus miembros buscar alianzas para sus causas individuales y compartir éxitos y retos entre sí. Existen sesiones de networking en otras religiones, pero hay pocas en las altas esferas de empresas como ésta. Los miembros del Mega Grupo mantienen un perfil bajo porque no quieren competir con las instituciones judías establecidas. Participan en proyectos especiales que creen que pueden marcar la diferencia, como el apoyo a escuelas judías o programas como el Birthright Project, que envía a Israel a todos los jóvenes judíos nacidos en este planeta que lo deseen. [Entre sus miembros figuran Steven Spielberg, de Dreamworks, Laurence Tisch, presidente de Lowes Corp, el magnate de los bagels Marvin Lender, Leonard Abramson, fundador de U.S. Healthcare, y Lester Crown, inversor y copropietario de los Chicago Bulls.[73]

EL DOBLE DE AUTÓNOMOS

En general, los judíos estadounidenses tienen una tasa de autoempleo casi dos veces superior a la de otros grupos étnicos de Estados Unidos, una proporción similar a la de Gran Bretaña y Europa. Sólo el 4% de los inmigrantes laosianos y puertorriqueños son empresarios. Los inmigrantes coreanos e israelíes se sitúan en cabeza, con tasas cercanas al 30%. Este espíritu emprendedor es esencial para el éxito judío, ya que el 80% de los millonarios de Estados Unidos se hicieron a sí mismos y no heredaron su fortuna.[74]

---

[73] *Ibid.* p. 47-48.

[74] *Ibid.* , p. 69.

LOS JUDÍOS DE WALL STREET

He aquí una breve lista de otras conocidas personalidades judías de Wall Street:

- George Soros - inversor global en divisas, materias primas y renta variable;

- Carl Icahn - inversor y especulador en adquisiciones; posee TWA, USX, Continental Airlines, RJR Nabisco;

- Laurence Tisch - inversor y especulador; propietario de los cines y hoteles Loews, CBS [Nota: ya fallecido];

- Barry Diller - Presidente de USA Networks, propietario de Home Shopping Network y Ticketmaster;

- Michael Bloomberg - fundador y propietario del servicio de información financiera Bloomberg LP [Nota: actualmente alcalde de Nueva York];

- Ron Perelman - especialista en adquisiciones; propietario de Revlon, MacAndrew & Forbes y otras empresas;

- Sanford Weill - Copresidente de Citigroup, propietario de Salomon, Smith Barney y Travelers Group;

- Abbey Cohen - estratega de inversión ampliamente seguido, Grupo Goldman Sachs;

- Alan Greenspan - Presidente de la Reserva Federal; fija los tipos de interés en Estados Unidos;

- Alan "Ace" Greenberg - Presidente de Bear Stearns;

- Stephen Schwarzman - fundó el Grupo Blackstone, una empresa de banca de inversión;

- Harvey Golub - Presidente de American Express;

- Saul Steinberg - Presidente de Reliance Corporation, inversor;

- Asher Edelman - influyente columnista financiero de *Barron's;*

- Louis Rukeyser - ingenioso presentador del programa "Wall Street Week" de PBS.[75]

¿LOS "AMOS" DE INTERNET

Un artículo *de Forbe* s de julio de 1998 sobre Internet titulado "Los amos del nuevo universo" destacaba que trece empresas estaban a la vanguardia del auge de Internet. La investigación reveló que cuatro de ellas (30%) son judías.[76]

HERMANAS JUDÍAS

La Dra. Ruth Westheimer, *nacida* Karola Ruth Siegel, es un excelente ejemplo de la franqueza judía... ¿Es la Dra. Ruth la única gran proveedora judía de [consejos] para Estados Unidos? Ni mucho menos. Joyce Brothers y Laura Schlessinger en las ondas, Ann Landers (Esther Pauline Friedman Lederer) y su hermana gemela Abigail "Querida Abby" Van Buren (Pauline Esther Friedman Phillips) en la prensa escrita, se han ganado la vida haciendo lo mismo.[77]

UN ENORME EFECTO DOMINÓ

Los judíos fueron los creadores de Hollywood y de los grandes estudios que lo definieron. La participación judía en el cine es más que una historia de éxito; es la base de la influencia desproporcionada que los judíos han tenido en la conformación de la cultura popular estadounidense. Y no se limita al cine, ya que la industria cinematográfica dio origen a la industria televisiva.

Los días de los grandes estudios han pasado, pero la influencia judía en Hollywood permanece. Los propietarios de Dreamworks, Steven

---

[75] *Ibid.* , p. 79.

[76] *Ibid.* , p. 87.

[77] *Ibid.* , p. 100.

Spielberg, David Geffen y Jeffrey Katzenberg, tienen un patrimonio conjunto de 5.000 millones de dólares. Sumner Redstone, propietario de Paramount Pictures a través de Viacom, tuvo en su día un gran porcentaje de Columbia Pictures y Twentieth Century Fox. Michael Eisner dirige el estudio Disney, que irónicamente excluía a los judíos en tiempos de Walt. Seagram, de Edgar Bronfman, posee Universal Studios. Michael Ovitz dirige las carreras de los famosos...

Además de empresarios, un gran número de judíos participan en la industria del entretenimiento. No forma parte de un gran plan, pero cuando un grupo étnico está tan implicado y tiene tanto éxito en una industria concreta como los judíos en la industria cinematográfica, la influencia, las conexiones y el poder del grupo producen un vasto efecto dominó, y otros actores, escritores, editores, técnicos, directores y productores judíos siguen su ejemplo...[78]

LOS JUDÍOS Y LAS NOTICIAS: UNA COMUNIDAD MUY UNIDA

La influencia judía es tan pronunciada en la televisión como en el cine. En los informativos de televisión, los judíos son muy visibles ante la cámara. Como periodistas, sus creencias religiosas y culturales personales no se tienen en cuenta en sus reportajes, pero su poder es significativo porque influyen en la forma en que los estadounidenses vemos el mundo y conforman nuestras opiniones... Los productores de noticias son aún más influyentes que los periodistas, ya que deciden qué historias se emitirán, en qué orden y durante cuánto tiempo. Un número desproporcionado de ellos son también judíos...

En los años 80, los productores ejecutivos de los tres telediarios de la noche eran judíos. Además, como señala *Jewish Power* [de J. J. Goldberg, citado en otro lugar - Ed.], aunque los judíos constituyen "el 5% de la prensa activa del país -apenas más que su porcentaje de la población-, constituyen una cuarta parte de los redactores, editores y productores de los "medios de élite" de Estados Unidos, incluidas las

---

[78] *Ibid.*, p. 108-111.

divisiones de noticias de las cadenas, los principales semanarios de noticias y los cuatro periódicos más importantes".

El porcentaje notablemente alto de judíos en televisión ha perdurado durante generaciones, quizá porque se trata de una comunidad relativamente pequeña y muy unida. En una encuesta entre creadores de televisión, el 59% dijo que se había criado como judío, mientras que el 38% sigue identificándose como tal.[79]

DOS CASAS, VIAJABA MUCHO, CENABA FUERA

Una encuesta realizada en 1993 entre los suscriptores de *The Exponent*, el semanario judío de Filadelfia, ofrecía una imagen clara de la riqueza y el gasto de los judíos. Estas encuestas no son en absoluto científicas, pero los resultados muestran que los judíos son [fiscalmente] conservadores, pero gastan en cosas que les gustan...":

- El 26,1% posee una segunda vivienda;

- El 34,7% ha viajado fuera de Estados Unidos en los últimos doce meses;

- El 49,2% ha comido fuera diez o más veces en los últimos treinta días;

- El 21% pertenece a un club de salud;[80]

PERSONAS QUE PUEDEN PERMITIRSE COMPRAR LIBROS

Los judíos son la piedra angular de las ventas de libros de tapa dura, "representan entre el 50 y el 75% de las ventas de libros de tapa dura no institucionales en Estados Unidos". Incluso un 25% representaría una parte sorprendentemente desproporcionada de las ventas totales. Los libros de bolsillo son las ediciones más caras, por delante de las más baratas, que dan a los editores los mayores márgenes. Los compradores

---

[79] *Ibid.* p. 112-117.

[80] *Ibid*, pp. 124-125.

judeoamericanos son, por tanto, extremadamente importantes para la industria editorial.[81]

COMPRAS DE LIBROS DE TAPA DURA

	Nacional Media nacional	Judíos Lectores
Compra de un libro en los últimos 12 meses	19%	70%
1-5 libras	13%	39%
6-9 libras	3%	9%
10 o más	3%	17%

FUENTE[82]

VALORES E INVERSIONES MANTENIDOS

Valor de las acciones	Media nacional	Inversores judíos
Acciones propias	27%	73%
50 000 $ à 99 999	2.1%	12%
100.000 o más	1.8%	38%
$100K-$499,999	NA	24%
$500K-$999,999	NA	7%
1 millón o más	NA	7%

---

[81] *Ibid.*, p. 126.

[82] *Ibid.* citando el *estudio Simmons sobre medios de comunicación y mercados*, 1989, publicado en 1990 por Simmons Market Research Bureau.

FUENTE[83]

NOMBRES JUDÍOS EN EL RANKING FORBES 400

Sería imposible enumerar a todos los hombres de negocios judíos de éxito en Estados Unidos hoy en día. Sin embargo, uno de los criterios de éxito más obvios es la inclusión en la lista *Forbes* 400. Para entrar en la lista en octubre de 1999, había que tener un patrimonio neto de al menos 625 millones de dólares. Los judíos representaban el 23% del conjunto, el 36% de los cincuenta primeros y el 24% de los multimillonarios, es decir, siete, dieciocho y doce veces su porcentaje relativo en el conjunto de la población estadounidense. Estos porcentajes en la lista *Forbes* 400 han sido constantes a lo largo del tiempo, aunque los protagonistas cambian de un año a otro; los estudios realizados por otros sobre las listas de 1982, 1983 y 1984 revelan cifras similares. [84]

LA LISTA DE JUDÍOS EN LOS "FORBES 400" EN 2004

[85]La siguiente es una lista de estadounidenses judíos en la lista *Forbes* 400 de los estadounidenses más ricos de 2004, aunque la lista puede no estar completa porque, como ha señalado el escritor judío estadounidense Steven Silbiger en (refiriéndose a listas anteriores), puede haber hasta otras quince personas que también podrían estar en ella, pero que mantienen en secreto su origen judío.

(Al final de la lista principal hay una lista más pequeña de personas cuyos nombres aparecen en la lista *Forbes* 400 de 2004, pero cuyos orígenes étnicos se desconocen o no están claros, pero presumiblemente son judíos). La siguiente lista es probablemente el resumen más completo y actualizado de los principales multimillonarios y megamillonarios judíos de Estados Unidos en la actualidad, aunque hay

---

[83] *Ibid.* p. 131, citando el *estudio* Simmons *sobre medios de comunicación y mercados*, 1989, publicado en 1990 por la Oficina de Investigación de Mercados Simmons.

[84] *Ibid.* , p. 87.

[85] *Ibid.* , p. 88.

muchas fortunas judías sustanciosas que no aparecen en el "top 400" (pero sí en la lista).

No obstante, cabe señalar que muchos de los herederos de la fortuna de Mars Candy y del imperio hotelero Pritzker, por ejemplo, se han repartido varios miles de millones de dólares, lo que les convierte en uno de los grupos familiares más ricos del planeta.

El número que sigue al nombre de la persona corresponde a su posición en la lista *Forbes* 400 (tenga en cuenta que varias personas pueden ocupar esta posición concreta), lo que significa, por supuesto, que a menudo hay más de 400 nombres en la lista *Forbes*.

Michael Dell (9)
Ordenador Dell
14.200 millones de euros

Larry Ellison (10)
Oracle Corp (software de red)
13.700 millones

Forrest Edward Mars Jr (17)
Dulces
10.000 millones

Jacqueline Mars (17)
Dulces
10.000 millones

John Franklyn Mars (17)
Dulces
10.000 millones

Sumner Redstone (20)
Viacom, National Amusements
8.100 millones

Carl Icahn (21)
Inversiones, adquisiciones
7.600 millones de euros

Si Newhouse (25)
Publicaciones anticipadas
7.000 millones

George Soros (24)
Inversiones, transacciones
7.200 millones de euros

Keith Rupert Murdock (27)
News Corp.
6 900 millones

Eli Broad (28)
Seguros, bienes inmuebles
6.000 millones

Marvin Davis (30)
Inmobiliario, petróleo
5.800 millones de euros

Mickey Arison (32)
Carnival Cruise Lines
5.300 millones de euros

Michael Bloomberg (34)
Servicio de noticias Bloomberg
5.000 millones

David Geffen (37)
Dreamworks
4.400 millones de euros

Donald Bren (38)
Inmobiliaria en California
4.300 millones de euros

Donald Newhouse (25)
Publicaciones anticipadas
7.000 millones

Ronald Perelman (40)
Cosméticos Revlon, inversiones, puros
4.200 millones de euros

Sergey Brin (43)
Google
4.000 millones

Larry Page (43)
Google
4.000 millones

Familia Lester Crown (53)
General Dynamics
3.600 millones de euros

Leonard Lauder (55)
Cosméticos Estee Lauder
3.200 millones de euros

Maurice Greenberg (59)
Seguros
3.100 millones de euros

Sheldon Adelson (60)
Ferias de informática, casinos
3.000 millones

Preston Tisch (60)
Loews Corp; CBS
3.000 millones

Leslie Wexner (65)
Marcas limitadas
2 900 millones de euros

Ronald Lauder (102)
Cosméticos Estee Lauder
2.100 millones de euros

Herbert Kohler y su familia (102)
Aparatos sanitarios
2.100 millones de euros

Jeff Bezos (38)
Amazon
4.300 millones de euros

William Davidson (68)
Guardian Ind (fabricación de vidrio)
2.800 millones de euros

Ralph Lauren (72)
Ropa, moda
2.700 millones de euros

Steven Spielberg (74)
Películas cinematográficas
2.600 millones de euros

Leonard Stern (79)
Montaña Hartz
2.500 millones de euros

Edgar Bronfman, padre (79)
Seagrams, Time-Warner, etc.
2.500 millones de euros

Sam Zell (87)
Inmobiliario, inversiones
2 400 millones de euros

Ronald Burkle (92)
Supermercados, inversiones
2.300 millones de euros

Leona Helmsley (97)
Inmobiliaria en Nueva York
2.200 millones de euros

Haim Saban (97)
Televisión
2.200 millones de euros

Leslie Gonda (118)
Arrendamiento internacional
1.500 millones

S. Daniel Abraham (124)
Dieta Slim-Fast
1.800 millones de euros

Leonore Annenberg (106)
TV Guide, Publicaciones Triangle
2.000 millones

Bruce Kovner (106)
Caxton Corp; inversiones
2.000 millones

Bernard Marcus (106)
Home Depot
2.000 millones

Stephen A. Cohen (106)
Fondos de alto riesgo
2.000 millones

Herbert Anthony Allen, Jr (106)
Banca de inversión
2.000 millones

Mitchell Rales (118)
Danaher Corp.
1.900 millones

Steven Rales (118)
Danaher Corp.
1.900 millones

Mortimer Zuckerman (152)
U.S. News & World Report, sector inmobiliario
1.600 millones de euros

Sidney Frank (152)
Alcoholes
1.600 millones de euros

Henry Samueli (165)
Broadcom
1.500 millones

Anthony Pritzker (165)
Hoteles, inversiones
1.500 millones

Daniel Pritzker (165)
Hoteles, inversiones
1.500 millones

Thomas J. Pritzker (142)
Hoteles, inversiones
1.700 millones

Stanley Druckenmiller (142)
Fondos de alto riesgo
1.700 millones

Tom T. Gores (142)
Adquisiciones apalancadas
1.700 millones

Edward S. Lampert (142)
Inversiones
1.700 millones

Penny Pritzker (152)
Hoteles, inversiones
1.600 millones de euros

Melvin Simon (152)
Inmobiliario
1.600 millones de euros

Peter B. Lewis (152)
Progressive Corp (seguros de automóvil)
1.600 millones de euros

Karen Pritzker (165)
Hoteles, inversiones
1.500 millones

Linda Pritzker (165)
Hoteles, inversiones
1.500 millones

Michael Krasny (165)
CDW Corp.
1.500 millones

Henry Kravis (165)
Adquisiciones apalancadas
1.500 millones

George R. Roberts (165)
Adquisiciones apalancadas
1.500 millones

James Pritzker (165)
Hoteles, inversiones
1.500 millones

Jay Robert Pritzker (165)
Hoteles, inversiones
1.500 millones

Jean Pritzker (165)
Hoteles, inversiones
1.500 millones

John A. Pritzker (165)
Hoteles, inversiones
1.500 millones

John J. Fisher (165)
The Gap (ropa)
1.500 millones

Robert J. Fisher (165)
The Gap (ropa)
1.500 millones

Wilma Stein Tisch (165)
Loews Corp; CBS
1.500 millones

Sanford Weill (203)
Citigroup (Grupo Travelers)
1.400 millones

Alfred Mann (203)
Inventor, empresario
1.400 millones

Ernest S. Rady (215)
Inversiones
1.300 millones

Alec Gores (215)
Adquisiciones apalancadas
1.300 millones

Barry Diller (215)
USA Networks; Ticketmaster
1.300 millones

Louis Gonda (165)
Arrendamiento internacional
1.900 millones

Dirk Ziff (165)
Ziff Davis Publishing (vendida)
1.500 millones

Robert Ziff (165)
Ziff Davis Publishing (vendida)
1.500 millones

Daniel Ziff (165)
Ziff Davis Publishing (vendida)
1.500 millones

Stephen Wynn (215)
Casinos
1.300 millones

Nicholas Pritzker II (234)
Hoteles, inversiones
1.200 millones

Alan Gerry (234)
Cablevisión
1.200 millones

Norma Lerner (234)
Heredero de la fortuna de MBNA
(tarjetas de crédito)
1.200 millones

Randolph Lerner (234)
Heredero de la fortuna de MBNA
(tarjetas de crédito)
1.200 millones

Nancy Lerner Beck (234)
Heredero de la fortuna de MBNA
(tarjetas de crédito)
1.200 millones

Arthur Blank (234)
Home Depot
1.200 millones

Thomas Lee (234)
Adquisiciones apalancadas
1.200 millones

Mark Cuban (215)
Emisión.com
1.300 millones

Pincus Verde (260)
Comerciante de materias primas
1.100 millones

Carl Berg (260)
Inmobiliaria en Silicon Valley
1.100 millones

Herbert Siegel (280)
Televisión
1.100 millones

Donald Fisher (260)
The Gap (ropa)
1.100 millones

Doris Fisher (260)
The Gap (ropa)
1.100 millones

Michael Milken (278)
Inversiones
1.000 millones

Jeremy Maurice Jacobs Sr (278)
Concesiones deportivas
1.000 millones

David Gottesman (278)
Inversiones
1.000 millones

Nelson Peltz (278)
Snapple Drinks; compras apalancadas
1.000 millones

Bernard A. Osher (324)
Banca, inversiones
960 millones

Irwin Jacobs (334)
Qualcomm (telecomunicaciones)
930 millones

Marc Rich (260)
Marc Rich (260)
1.100 millones

Michael Milken (278)
Drexel Burnham Lambert, negociación
1.000 millones

William S. Fisher (278)
The Gap (ropa)
1.000 millones

Jerome Kohlberg, Jr (278)
Kohlberg, Kravis & Roberts
1.000 millones

Andreas Bechtolsheim (278)
Google
1.000 millones

Neil Gary Bluhm (278)
Inmobiliario
1.000 millones

Malcolm Glazer (278)
Centros comerciales
1.000 millones

Marvin J. Herb (278)
Embotellado de bebidas no alcohólicas
1.000 millones

Michael F. Price (278)
Inversiones
1.000 millones

Arthur J. Rock (315)
Capital riesgo
975 millones

Gerry Lenfest (369)
comunicaciones por cable
800 millones de dólares

Jeffrey Katzenberg (369)
Dreamworks
800 millones de dólares

Herbert Sandler (337)
Banco
920 millones de euros

Marion O. Sandler (337)
Banco
920 millones de euros

Alfred Taubman (340)
Centros comerciales
900 millones

Guilford Glazer (340)
Inmobiliario, centros comerciales
900 millones

Phillip Frost (352)
Ivax Corp.
850 millones de euros

Leon Levine y su familia (361)
840 millones

Paul Barry Bombero (362)
Reebok
830 millones

Walter Shorenstein (389)
Inmobiliaria en San Francisco
750 millones de euros

Stephen L. Bing y familia (389)
Patrimonio
750 millones de euros

Robert Friedland (369)
Minería
800 millones de dólares

Norman Hascoe (369)
Inversiones
800 millones de dólares

Lowell Milken (369)
Inversiones
800 millones de dólares

Marc B. Nathanson (369)
Cable, inversiones
800 millones de dólares

Max Martin Fisher (383)
Marathon Oil
775 millones

Harold Honickman (383)
Embotellador de Pepsi
775 millones

William Levine (389)
Sistemas para exteriores (paneles de visualización)
750 millones de euros

Jack Nash (389)
Inversiones
750 millones de euros

Stephen Schwarzman (389)
Inversiones
750 millones de euros

FUENTE[86]

---

[86] Esta lista fue elaborada por Michael Collins Piper basándose en la lista *Forbes* 400 de 2004, y utilizando Internet y otras fuentes, entre ellas Silbiger y Brenner, citadas en este documento, para demostrar la ascendencia judía de las personas cuyos nombres aparecen en la lista.

He aquí los nombres de otras personas de la lista *Forbes* 400 de 2004 cuyo origen étnico se desconoce, pero que podrían ser judíos. Como en la lista anterior, el número entre paréntesis tras el nombre de la persona corresponde a su rango en la lista.

Charles Ergen (23)
EchoStar
7.300 millones de euros

George Joseph (278)
Seguros
1.000 millones

Carl Pohlad (92)
Banco
2.300 millones de euros

Phillip Ruffin (215)
Casinos, bienes inmuebles
1.300 millones

Gary Magness (349)
Patrimonio
875 millones

William H. Gross (278)
Bonos
1.000 millones

Philip H. Knight (22)
Nike
7.400 millones de euros

Wilbur L. Ross Jr (278)
Adquisiciones apalancadas
1.000 millones

Eric Schmidt (165)
Google
1.500 millones

FUENTE [87]

AMÉRICA: EL MAYOR TRIUNFO...

Es en Estados Unidos donde el triunfo es mayor. Con poco más del 2,5% de la población estadounidense, los judíos están disfrutando de un éxito asombrosamente desproporcionado en todos los campos en los que se les ha permitido operar... El centenario de *El Estado judío* [de Theodore Herzl] encuentra no sólo un Estado judío, sino también a dos judíos [Mickey Kantor y Sir Leon Brittan] representando a los principales bloques comerciales, Estados Unidos y la Unión Europea, en las negociaciones comerciales, y otros dos como Ministro del Interior [Michael Howard] y Ministro de Asuntos Exteriores [Malcolm Rifkind] del país [Inglaterra] donde Inglis había dicho una vez que los

---

[87] *Ibid.*

judíos debían seguir siendo siempre una nación separada y de donde Carlysle esperaba verlos expulsados a Palestina.[88]

LA CULTURA OCCIDENTAL ESTÁ "IMPREGNADA DE JUDAÍSMO

Aunque los judíos de Occidente se enfrentan a un declive demográfico importante, si no fatal, la *Verjudung* de la que se quejaban sus enemigos se ha hecho realidad: la cultura occidental está impregnada de judaísmo.

En la medida en que no era negra, la cultura popular estadounidense del siglo XX era judía, desde Hollywood hasta Broadway, desde las melodías de los espectáculos hasta el humor mordaz.[89]

Esto nos lleva al final de nuestro estudio de las fuentes judías y prosionistas y sus comentarios -muchos de los cuales contienen hechos y cifras incontrovertibles- sobre el poder sionista en América.

¿Es necesario ir más lejos? ¿No hemos reunido aquí una visión de conjunto que deja las cosas muy claras

¿Puede haber alguna duda de que quienes afirmaban que el poder judío en Estados Unidos es inmenso no mentían, de que no eran culpables de "promover viejos mitos y canalladas antisemitas", como nos dicen a menudo los medios de comunicación

Por el contrario, el pueblo judío tiene mucho de lo que enorgullecerse y, en sus propias publicaciones, se siente muy libre de proclamar su estatus especial en Estados Unidos. Los hechos presentados en *La Nueva Jerusalén* son en gran medida una afirmación de este estatus especial.

---

[88] Wheatcroft, p. 343.

[89] *Ibid.*, p. 344.

Un juicio final...

El poder judío en Estados Unidos hoy es mayor que el poder judío en cualquier país en cualquier momento de la historia.

El profesor Norman Cantor ha resumido el inmenso poder de los judíos en Estados Unidos en la actualidad. En su polémico libro *La cadena sagrada*, que ha sido muy criticado por su franqueza, Cantor escribió En las cuatro décadas transcurridas desde 1940, los judíos han entrado en la sociedad estadounidense a través de las comodidades de los suburbios, la penetración de las universidades y los bastiones privilegiados de las profesiones eruditas, los negocios, la política y el gobierno, y los niveles de control de los medios de comunicación. Los judíos estaban sobrerrepresentados en las profesiones intelectuales por un factor de cinco o seis.

En 1994, los judíos sólo representaban el 3% de la población estadounidense, pero su impacto era equivalente al de un grupo étnico que representara el 20% de la población.

Nada en la historia judía ha igualado este grado de ascenso judío al poder, la riqueza y la preeminencia.

Ni en la España musulmana, ni en la Alemania de principios del siglo XX, ni siquiera en Israel, porque no había niveles comparables de riqueza y poder a escala mundial que pudieran alcanzarse en este pequeño país.[90]

---

[90] Cantor, pp. 406-407.

Cantor concluye: "Los Morgan, los Rockefeller, los Harriman, los Roosevelt, los Kennedy, los titanes de épocas pasadas, han sido suplantados por el judío como autor de hazañas impecables..."[91]

Y así es, según un académico judío, que se hace eco de la realidad de los hechos y cifras que hemos visto en estas páginas: Los viejos nombres de la élite estadounidense han sido superados y hoy la élite sionista ha surgido realmente como los que reinan en Estados Unidos, la nueva Jerusalén.

Filósofos sionistas modernos: "América es la nueva Jerusalén".

Para evitar cualquier duda de que los dirigentes de la comunidad sionista estadounidense consideran ahora que Estados Unidos es la nueva Jerusalén, es esencial tener en cuenta este hecho destacado e innegable:

Los sionistas acusan ahora abiertamente a los detractores de Israel de ser no sólo antisemitas y antiisraelíes, sino también anticristianos y antiamericanos, afirmando que los sentimientos antiisraelíes son de hecho la base del antiamericanismo y que el antiamericanismo está inextricablemente ligado a los sentimientos antiisraelíes, antisemitas y anticristianos.

En resumen, el fondo de esta propuesta es que Estados Unidos es realmente "la nueva Jerusalén". Estados Unidos e Israel son lo mismo. Tales puntos de vista se alimentan en los niveles más altos del movimiento sionista e incluso ahora forman parte del discurso del debate público en Estados Unidos. Así que sólo podemos concluir que todo esto es una confirmación de la tesis expuesta en las páginas de *La Nueva Jerusalén*.

De hecho, la mayoría de las personas del mundo que están preocupadas por el nuevo imperialismo que está llevando a cabo Estados Unidos son muy conscientes de que esta política no es realmente un "americanismo" sino, de hecho, el producto de las potencias sionistas y

---

[91] *Ibid.*, p. 418.

de sus máximos responsables políticos que han llegado a reinar en Estados Unidos, especialmente bajo la presidencia de George W. Bush.

Sin embargo, como de costumbre, los sionistas siempre son muy buenos distorsionando la realidad para adaptarla a su particular visión del mundo. La gente de todo el mundo no es "antiamericana" (en el sentido de que no tengan ningún problema con el pueblo estadounidense). Al contrario, parece que la gente de todas las clases sociales del mundo a menudo comprende mejor que los propios estadounidenses quién dirige realmente Estados Unidos, y siente cierta simpatía por aquellos estadounidenses que se han dejado manipular implacablemente por la minoría sionista. Así que no hay "antiamericanismo" en el sentido que los sionistas nos quieren hacer creer.

También es importante reconocer que los pueblos de todo el mundo no tienen ningún problema con los principios de democracia, libertad y autonomía, por muy vagamente que se definan. La idea de que el resto del planeta (con la excepción de Israel) es de algún modo "antiamericano" es un mito destructivo y peligroso que los sionistas han propagado para poner a los estadounidenses en contra de cualquiera que se atreva a cuestionar el poder sionista en Estados Unidos.

Por lo tanto, el concepto de "antiamericanismo" es en gran medida una invención sionista. Fue a raíz de los atentados terroristas del 11 de septiembre, y en el período previo a la invasión estadounidense de Iraq en la primavera de 2003, totalmente descabellada (y ordenada por los sionistas), cuando los medios de comunicación controlados por los sionistas en Estados Unidos comenzaron a presentar el "antiamericanismo" como una consecuencia de la urgente necesidad de alimentar una "guerra contra el terror" global (y aparentemente interminable), de la que el presidente Bush y sus manipuladores sionistas declararon que la campaña para destruir Iraq era un componente vital.

Como resultado directo de las mentiras y la retórica incendiaria de la administración Bush, unidas a la distorsión y desinformación deliberadas de los medios de comunicación, los patriotas estadounidenses buenos, honrados y honestos creyeron que el dirigente iraquí Sadam Husein había desempeñado un papel en los atentados terroristas del 11 de septiembre y que, por tanto, la guerra contra Iraq estaba justificada.

En el período previo a la guerra de Irak, los propagandistas sionistas y los medios de comunicación empezaron a difundir cada vez más el siguiente mensaje a los estadounidenses: "El mundo entero está contra nosotros" -o, para decirlo con más precisión, al menos tal como se presentó en los medios de comunicación: "El mundo entero está contra nosotros, los buenos estadounidenses, y contra nuestros buenos amigos, los israelíes: "El mundo entero está contra nosotros, los buenos estadounidenses, y contra nuestros buenos amigos, los israelíes, que son sin duda nuestro único aliado democrático en Oriente Próximo y nuestro único aliado real, sólido y fiable en todo el mundo.

El tema del "antiamericanismo" rampante se inculcó a los estadounidenses con el propósito mismo de convertirlos en "anti" de cualquiera que se negara a apoyar la guerra contra Sadam que los sionistas exigían que los estadounidenses libraran en su nombre. En cierto sentido, la guerra de Iraq se convirtió en una -si no "la"- vara de medir para determinar quién apoyaba la agenda sionista más amplia y de mayor alcance y quién no.

En cualquier caso, el tema del "antiamericanismo" está siendo introducido ahora en el debate público por los sionistas en los medios de comunicación y, como hemos visto, el "antiamericanismo" está siendo equiparado por los sionistas con la oposición no sólo a Israel y a los intereses judíos, sino también al propio cristianismo, un tema realmente extraordinario.

Sin embargo, aunque pueda resultar difícil para el estadounidense medio aceptar (o incluso comprender) una controversia histórica y geopolítica de tal magnitud, cuyas ramificaciones mundiales son a todas luces inmensas, esto es precisamente lo que sostiene uno de los "intelectuales" más reputados del sionismo en un ensayo auda cieux publicado en el número de enero de 2005 de la revista *Commentary*, la siempre pomposa pero cándida publicación del Comité Judío Estadounidense.

En su ensayo "El americanismo y sus enemigos", el profesor de Yale David Gelernter sostiene que el propio "americanismo" -al menos tal como lo definen Gelernter y sus compañeros sionistas- no es más que una evolución moderna del antiguo pensamiento sionista, que se remonta a la propia Biblia. Estados Unidos, argumenta, es esencialmente el nuevo Israel, la nueva Jerusalén, un auxiliar virtual del propio Estado de Israel.

Sin embargo, antes de explorar las particularidades del asombroso ensayo de Gelernter, es esencial comprender el medio concreto del que surgió, pues ello demuestra por sí mismo la importancia de esta tesis, al menos desde el punto de vista de los círculos de influencia en Estados Unidos que realmente importan, es decir, la élite sionista.

El hecho de que la propuesta de Gelernter se formulara en *Commentary* -*dirigida durante mucho tiempo* por el neoconservador "ex trotskista" Norman Podhoretz, que sigue ejerciendo su influencia entre bastidores en la revista- significa muchas cosas. Ampliamente reconocido como uno de los principales medios de comunicación que influyen en la política exterior de Estados Unidos bajo la administración Bush, *Commentary* es sin duda una de las principales voces del sionismo, no sólo en Estados Unidos sino en todo el mundo.

Es más, aunque Gelernter es especialista en informática, sus opiniones sobre asuntos políticos se publican regularmente a bombo y platillo en las páginas de *The New York Times* y The *Washington Post,* así como en publicaciones incondicionalmente proisraelíes como *The New Republic, National Review* y el periódico interno del multimillonario sionista Rupert Murdoch, *The Weekly* Standard, dirigido por William Kristol, que es quizá el principal publicista mediático y estratega de asuntos públicos del llamado punto de vista "neoconservador" en la actualidad.

Como tal, lo que Gelernter tiene que decir debe ser tratado con cautela, ya que es una parte integral de la red de Kristol y también tiene rienda suelta en *Commentary* para difundir tales puntos de vista provocativos. Gelernter es una de las voces más leídas del sionismo actual.

Así pues, comprender lo que creen los "neoconservadores" como Gelernter es comprender la mentalidad misma del movimiento sionista intransigente, no sólo en Estados Unidos e Israel, sino en todo el mundo, ya que el neoconservadurismo se describe probablemente como la influencia más importante en el mundo aún polifacético del sionismo actual.

Aunque la historia de los neoconservadores (descrita en detalle en el libro anterior de este autor, *Los sumos sacerdotes de la guerra*) está fuera del alcance de nuestro estudio, es importante señalar que el padre de William Kristol, Irving Kristol, es conocido como el "padrino" del movimiento neoconservador y fue él mismo, como comunista trotskista de la vieja escuela, como comunista trotskista de la vieja escuela, uno de los autoproclamados "intelectuales neoyorquinos" -parte de una célula que se autodenominaba "La Familia"- que fue mentor de Podhoretz como comunista trotskista de la vieja escuela, uno de los autoproclamados "intelectuales neoyorquinos" -parte de una célula que se autodenominaba "La Familia"- que fue mentor de Podhoretz cuando *éste* se convirtió en una de las voces mediáticas más poderosas del lobby israelí.

Hoy en día, Kristols y Podhoretz - junto con gente como Gelernter - son las fuerzas motrices de la agenda global de la administración Bush, aliados con responsables políticos clave de la administración como el Subsecretario de Defensa Paul Wolfowitz y trabajando en estrecha colaboración con aliados afines dentro de las facciones de línea dura de Israel. Todo esto es especialmente relevante, por supuesto, ya que fue bajo la presidencia de Bush cuando se hizo más evidente la fusión efectiva de Estados Unidos con el Estado de Israel, una alianza sin precedentes, incluso en términos estadounidenses.

Por lo tanto, no carece de importancia que cuando el Presidente Bush pronunció su segundo y controvertido discurso inaugural, uno de los arquitectos intelectuales de ese discurso fuera Natan Sharansky, uno de los líderes de línea dura más virulentos de Israel, con quien los sionistas neoconservadores estadounidenses colaboran bastante estrechamente. Junto con William Kristol y otros neoconservadores estadounidenses, Sharansky acudió a la Casa Blanca invitado por Bush y ayudó a redactar el discurso pronunciado por el Presidente.

En este discurso inaugural, Bush reafirmó su compromiso con los principios de la revolución global -presentados como la búsqueda de la "democracia"- que han sido los cimientos de la filosofía en constante evolución de esos neoconservadores ex trotskistas que son los padrinos del "conservadurismo compasivo" de la administración Bush. En resumen, la agenda de Bush (más bien, la agenda de los manipuladores sionistas de Bush) no es más que una versión modernizada del antiguo bolchevismo internacional inspirado por el difunto León Trotsky.

Como vemos ahora, los trotskistas de hoy -los líderes actuales del sionismo- son realistas y oportunistas, por decirlo suavemente. Como tales, han reorganizado su mecanismo de dominación mundial y lo han adaptado a sus necesidades particulares en el siglo XXI, hasta el punto de que incluso han reclutado a un vaquero renacido, mesiánico, pistolero y con acento tejano como su principal portavoz público. Y, de hecho, ha desarrollado todo un culto de seguidores.

En su segundo discurso inaugural, el joven Bush proclamó que "los intereses vitales de Estados Unidos y nuestras convicciones más profundas son ahora una... Promover estos ideales es la misión que creó nuestra nación... Ahora es la exigencia urgente de la seguridad de nuestra nación y la llamada de nuestro tiempo".

En última instancia, esto significa guerra futura y mucha guerra, una guerra mundial, nada más que una expansión de la empresa imperial en curso en Irak, para incluir como objetivos a todos los que se perciba que se interponen en el camino del Nuevo Orden Mundial con el que los líderes del sionismo internacional han soñado durante tanto tiempo. Y ahora tienen a Estados Unidos en sus manos y controlan así la única nación poderosa cuyos recursos (y pueblo) pueden ser explotados para realizar ese sueño.

No es casualidad que, en vísperas de su segundo mandato, la revista *Time* -la voz semanal de la familia real sionista de Estados Unidos, los Bronfman- describiera a George W. Bush como un "revolucionario americano". Bush puede ser estadounidense, pero la revolución que dirige no es estadounidense. Es una revolución cuyos padres fundadores son los líderes del sionismo internacional. El joven Bush puede ser rey, pero los intrigantes sionistas son sus regentes.

La agenda de Bush es la agenda sionista, y el tema de la promoción de la democracia global es parte integrante del moderno (y cada vez mayor) plan sionista de rehacer el mundo *bajo la fuerza de las armas estadounidenses.*

Esto nos lleva de nuevo al ensayo de David Gelertner en *Commentary*, ya que proporciona un complemento filosófico al tema planteado por Sharansky -y asumido obedientemente y con entusiasmo por Bush- y forma parte de un esfuerzo continuo y no tan sutil por subrayar y promover el nuevo imperio internacional que la administración Bush se esfuerza por establecer.

Aunque su ensayo se publicó antes de que se pronunciara públicamente el discurso de investidura de Bush -aunque ya había sido urdido en privado en manos de los socios sionistas de Gelernter-, Gelernter sostiene que lo que ahora es el punto de vista Sharansky-Bush se remonta, en términos de historia estadounidense, a la época de los padres fundadores puritanos y peregrinos.

Señalando que "los puritanos se veían a sí mismos como el nuevo pueblo elegido de Dios, viviendo en la nueva tierra prometida de Dios - en resumen, como el nuevo Israel de Dios", Gelernter afirma que "muchos pensadores han señalado que el americanismo está inspirado, cercano o entrelazado con el puritanismo", señalando que "uno de los estudiosos más importantes que lo ha dicho recientemente es Samuel Huntington, en su estupendo libro sobre la identidad americana, *¿Quiénes somos*

Antiguo miembro del Consejo de Relaciones Exteriores, Huntington parece una elección irónica para que Gelertner predique a favor del americanismo y la democracia, dado que su anterior libro, *La crisis de la democracia* (publicado por la Comisión Trilateral financiada por Rockefeller), sugería que había demasiada democracia en Estados Unidos y que debería abolirse.

Pero también en este caso, la "democracia" -a ojos de la élite- sólo se aplica a quienes ellos quieren ver libres.

Más recientemente, Huntington se ha convertido en el portavoz de una campaña de alto nivel para impedir la entrada en Estados Unidos de determinados grupos de inmigrantes -sobre todo musulmanes e hispanos católicos-, en gran medida en nombre de la "lucha contra el terrorismo y el antisemitismo", pues la élite judía ha llegado a la conclusión de que los inmigrantes católicos, al igual que los musulmanes, desconfían del poder judío y no son fáciles de controlar.

Sea como fuere, Gelernter afirma que el puritanismo del tipo elegido por Huntington es el verdadero fundamento de América. Escribe: "El puritanismo no sólo inspiró o influyó en el americanismo: El puritanismo no sólo inspiró o influyó en el americanismo, sino que se convirtió en americanismo.... No se puede entender realmente a los peregrinos, o a los puritanos en general, sin conocer la Biblia hebrea y la historia judía clásica; conocer el propio judaísmo también es útil....

Los primeros en adoptar el americanismo tendían a definir incluso su propio *cristianismo* [haciendo hincapié en el de Gelernter] de un modo que lo asemejaba al judaísmo.

Y probablemente merezca la pena señalar que Gelenter observa que el puritanismo, en su sentido clásico en las costas estadounidenses, ha experimentado una transición, hasta el punto de que muchas congregaciones puritanas se han convertido en unitarias. La ironía, por supuesto, es que hay bastantes cristianos -incluidos partidarios fundamentalistas de Israel- que ni siquiera consideran cristianos a los unitarios. (En cualquier caso, Gelerntner quizá esté sugiriendo que (al menos desde el punto de vista sionista) la forma moderna de "puritanismo" que sustenta el "americanismo" es de hecho cualquier cosa menos cristiana. Y eso, por supuesto, volvería a sorprender a muchos cristianos partidarios de Israel que proclaman que Estados Unidos es una nación cristiana que hace lo que le corresponde para ayudar a cumplir las supuestas promesas de Dios al pueblo judío.

La valoración que Gelernter hace de la Biblia, tal como él la lee, es que, entre otras cosas, los estadounidenses, en particular, tienen "una misión divina para toda la humanidad" y que se pueden extraer tres conclusiones: "Todo ser humano, en todas partes, tiene derecho a la libertad, la igualdad y la democracia". (La cuestión de a qué Biblia se refiere Gelernter puede ser relevante, pero sin duda está fuera del alcance de este artículo). Al sugerir que los que él llama "los teólogos del americanismo" se han dado cuenta de que la libertad, la igualdad y la democracia no son sólo ideas filosóficas, sino "la palabra de Dios", Gelernter concluye que la consecuencia es "el fervor y la pasión con que los estadounidenses creen en su credo". Según Gelernter, este credo consiste en que "los estadounidenses, prácticamente solos en el mundo, insisten en que la libertad, la igualdad y la democracia son adecuadas no sólo para Francia y España, sino también para Afganistán e Irak".

Es aquí donde Gelernter comienza a desarrollar su tema particular, a saber, que el sionismo es una parte integral e inseparable de lo que él denomina "americanismo": Resumir el credo del americanismo como libertad, igualdad y democracia para todos es exponer sólo la mitad del asunto. La otra mitad tiene que ver con una tierra prometida, un pueblo elegido y una misión universal ordenada por Dios. Esta parte del americanismo es la versión estadounidense del sionismo bíblico: en pocas palabras, el sionismo estadounidense.

Al afirmar que el "americanismo" (tal como él lo define) es "sionismo americano" -la idea de que Estados Unidos es también una "tierra prometida" sionista que coincide con el Estado de Israel y con el propio sionismo judío tradicional- Gelernter sugiere que tanto Israel como

Estados Unidos son Estados judíos. Y va aún más lejos: "La contribución del Israel clásico (y del sionismo clásico) al americanismo es incalculable. Ningún historiador o pensador moderno que yo conozca... ha hecho justicia a este hecho extraordinario. Parecen haber olvidado lo que reconoció el eminente historiador irlandés del siglo XIX William Lecky: que "la argamasa hebrea cimentó los cimientos de la democracia estadounidense". Y sospecho que ni siquiera Lecky comprendió el alcance de esta verdad. Si no la comprendemos, nunca podremos entender del todo el americanismo, o el antiamericanismo.

En resumen, Gelernter sostiene que el "antiamericanismo" no es nada más (o nada menos) que la oposición a la teología sionista, que según él ha desempeñado un papel considerable como la "argamasa" que ha "cimentado los cimientos de la democracia estadounidense". A continuación, Gelernter aplica su extraña teoría a la conducción de la política exterior estadounidense. En el mismo espíritu que , donde *el Washington Post* del 21 de enero de 2005 declaró que la visión general del presidente Bush era "más wilsoniana que conservadora", Gelernter afirma:

[Woodrow Wilson está en el centro del americanismo clásico. Ningún presidente ha hablado el lenguaje de la Biblia y la misión divina con tanta lucidez... Bajo la administración de Wilson, el americanismo experimentó una transición fundamental. Siempre había incluido la idea de una misión divina. Pero, ¿cuál era esa misión? Hasta el cierre de la frontera en la última década del siglo XIX, la misión era poblar el continente.

Con la frontera cerrada, la misión se ha convertido en "americanismo para todo el mundo".

Según Gelernter, presidentes posteriores, como Franklin D. Roosevelt y Harry S. Truman, emprendieron guerras en nombre del americanismo. La guerra de FDR contra una Europa virtualmente unida, aliada con Japón, fue nada menos que una guerra para derrotar a la que quizá fuera la mayor amenaza para el poder sionista en la historia del planeta. Truman, por supuesto, lanzó la Guerra Fría contra los soviéticos, que ahora sabemos que no era más que otro mecanismo de especulación global, ya que incluso mientras los niños estadounidenses morían en Corea y, más tarde, en Vietnam, los bancos internacionales -muchos de ellos judíos y otros no- apuntalaban la tiranía soviética cuando les interesaba hacerlo.

Sin embargo, según Gelernter, fue Ronald Reagan quien afirmó este "americanismo" al hablar de una "ciudad brillante sobre una colina", citando el libro bíblico de Mateo en el mismo espíritu que el padre puritano John Winthrop.

Fue Reagan, dice Gelernter, cuyo "uso de estas palabras vinculó la América moderna a la visión cristiana humana, a la visión puritana, a la visión (en última instancia) de la Biblia hebrea y del pueblo judío, que creó esta nación". Hoy en día, añade Gelernter, "el hecho de que el americanismo sea el sucesor del puritanismo es crucial para [entender] el antiamericanismo".

Según el punto de vista sionista que expone Gelernter, la actual oposición europea a los proyectos globales planteados por los responsables políticos neoconservadores de la administración Bush no es más que la manifestación actual de un pasado lejano:

En el siglo XVIII, los antiamericanos eran conservadores, monárquicos y antipuritanos... En el siglo XIX, las élites europeas se volvieron cada vez más hostiles al cristianismo, lo que inevitablemente desembocó en hostilidad hacia América.

Y Gelernter entra en escena con fuerza...

En los tiempos modernos, el antiamericanismo está estrechamente asociado con el anticristianismo *y* el antisemitismo. [Énfasis de Gelernter]

Todo esto refleja el estado mental de la élite sionista y de quienes hoy dictan la política exterior estadounidense en nombre de un gran proyecto para impulsar una revolución democrática mundial mal definida.

Lo que representa es nada menos que el Nuevo Orden Mundial contra el que los verdaderos patriotas estadounidenses han estado advirtiendo durante generaciones, un proyecto que es verdadero "antiamericanismo" en su definición más básica.

Los verdaderos estadounidenses -y sus muchos amigos de todo el mundo que están preocupados con razón por el ascenso del poder sionista en Estados Unidos- cometerían un error si pasaran por alto la influencia de ese pensamiento: se esté de acuerdo con él o no, es la filosofía de la élite sionista, por inmoral e infernal que sea.

El resultado final del gran proyecto sionista es el establecimiento de un imperio mundial gobernado desde América, la nueva Jerusalén.

Mientras que la "verdadera" Jerusalén, en la Palestina ocupada, puede servir como capital espiritual del sionismo internacional, Estados Unidos proporcionará el dinero, las armas y los jóvenes que lucharán y morirán para hacer del mundo un lugar seguro para la riqueza y la supremacía sionistas, todo ello en nombre del "americanismo", que es ahora la gran máscara judía.

Así que, al final, la tesis expuesta en *La Nueva Jerusalén* -que los sionistas han reclamado América como su nueva Jerusalén- no es una horrible y llena de odio "teoría de la conspiración antijudía".

De hecho, según los propios sionistas, el concepto de que Estados Unidos es la nueva Jerusalén es el fundamento mismo del sionismo en el siglo XXI. Esta conclusión es ineludible.

La cuestión que queda por resolver es qué piensan hacer los estadounidenses -y otros países del mundo- al respecto...

¿Es Estados Unidos algo más que "la nueva Jerusalén"?

Tal vez sea realmente... La nueva Babilonia.

Algunas reflexiones finales...

La ola del futuro...

Cerramos este volumen con una cosa en mente: el material reunido en estas páginas es innegablemente más completo que todo lo visto hasta la fecha sobre un tema que quizá sea el más candente que se debate hoy sobre la faz del planeta.

Cientos de millones de personas en todo el planeta están convencidas de que Estados Unidos es, de hecho, la "nueva Jerusalén", el centro de poder del sionismo mundial. Estados Unidos se ha establecido, sin lugar a dudas, como la proverbial "tierra de leche y miel" que, para bien o para mal (muchos dirían "para mal"), eclipsa con creces al pequeño Estado de Israel como la joya de la corona sionista. Esto no se puede negar.

Como demostró el impío, inmoral e innecesario ataque estadounidense a Irak (con la vasta destrucción y devastación que siguió, incluyendo la innecesaria muerte de más de 1.000 estadounidenses, por no mencionar la matanza de muchos miles más), el poder sionista en Estados Unidos ha alcanzado un nivel sin precedentes, como ha sido reconocido por más de un historiador judío y ciertamente nada menos que por uno de los periódicos más influyentes del Estado de Israel.

Hay quienes, por supuesto, dicen que el poder sionista en Estados Unidos es una consecuencia natural del "libre mercado" y una demostración de la democracia estadounidense en su máxima expresión. Otros -muchos otros- sostienen lo contrario.

El asesinato de John F. Kennedy marcó un punto de inflexión en el sistema estadounidense y, de hecho, en el mundo. Aunque el poder sionista había dominado durante mucho tiempo Washington y toda América, el propio Estado de Israel era relativamente nuevo en 1963. Sin embargo, como Presidente, JFK se opuso firmemente a las exigencias del lobby sionista, en particular a su deseo de ayudar a Israel a convertirse en una gran potencia mundial, y pagó por ello con su vida. Esto allanó el camino para un importante reajuste de la política estadounidense hacia Israel y el mundo árabe, y también dio un nuevo poder al lobby israelí en Washington. Y, por supuesto, esa influencia no ha dejado de crecer desde entonces.

La proliferación de armas nucleares en el mundo árabe y musulmán fue una reacción directa a la acumulación nuclear de Israel -que JFK trató de detener- y no es exagerado decir que si JFK hubiera tenido éxito en impedir que Israel adquiriera armas nucleares, es muy probable que Estados Unidos nunca se hubiera visto envuelto en la debacle de Irak que resultó de los esfuerzos iniciales de Sadam Husein por construir un arsenal nuclear para contrarrestar el de Israel. Y la tragedia de Irak seguirá atormentando a Estados Unidos y a su pueblo durante generaciones. Y la tragedia de Irak seguirá atormentando a Estados Unidos y a su pueblo durante generaciones.

Así, mientras el lobby sionista permanece firme aquí en Estados Unidos, promoviendo los intereses de su cliente extranjero -el Estado de Israel-, las familias sionistas y los bloques de poder aquí en suelo estadounidense han reunido un enorme conglomerado de riqueza y poder que, como hemos visto, ha convertido efectivamente a Estados Unidos, sin lugar a dudas, en la Nueva Jerusalén.

La historia secreta de la lucha entre bastidores de JFK con Israel debe hacerse pública si los estadounidenses -y la gente de todo el mundo- quieren comprender realmente cómo y por qué el sionismo se ha convertido en una fuerza tan dominante en la vida estadounidense.

Quienes reinan en el poder lo hacen porque, el 22 de noviembre de 1963, un presidente estadounidense que desafiaba su poder fue condenado a muerte en una ejecución pública muy poco gloriosa, un crimen que sigue impune a día de hoy. Hoy nos enfrentamos a la realidad que se deriva de aquel crimen de Dallas. Tenemos que empezar a analizar la situación y pensar en lo que le espera a Estados Unidos... y al mundo.

Si dirigimos nuestra atención a otros Estados-nación modernos, descubrimos que la lucha contra el poder sionista es -como en Estados Unidos- el "gran secreto" no reconocido del momento. En algunos lugares, sin embargo, la lucha está llegando al corazón del asunto...

En el hemisferio occidental, tenemos un revolucionario populista en Venezuela, Hugo Chávez, que se enfrenta (alegremente) a la intriga sionista internacional. No es casualidad que, en una ocasión, Chávez se mostrara orgulloso junto al entonces líder de Iraq, Sadam Husein, y declarara que él y Sadam se oponían a los "fariseos".

Chávez sabía exactamente lo que decía. Del mismo modo, no es casualidad que Chávez sea ahora cada vez más el blanco de los medios de comunicación sionistas.

En Asia, el ex primer ministro malasio Mahathir Muhammed conmocionó al mundo cuando habló públicamente del inmenso poder del sionismo internacional. Fue criticado sin piedad por los medios de comunicación por sus declaraciones, pero todo el mundo sabía, por supuesto, que tenía razón. Por eso Muhammed sigue siendo inmensamente popular, no sólo en el mundo musulmán, sino en todas las naciones del mundo donde la gente librepensadora no teme a la verdad.

En la nueva Rusia postsoviética, un puñado de multimillonarios sionistas -conocidos como "oligarcas"- se esfuerzan por mantener un férreo control sobre la economía rusa ante el desafío del presidente ruso Vladimir Putin, quien, al enfrentarse a estas poderosas fuerzas, ha puesto en juego su propio futuro. Huelga decir que los medios de comunicación occidentales controlados por los sionistas no han acogido con satisfacción las medidas de Putin contra los oligarcas. Los medios de comunicación vilipendian a Putin, describiéndolo como un retroceso a la época de los zares o al temible Stalin que, en sus últimos días, comenzó a luchar contra la influencia sionista en Rusia, provocando su propia muerte prematura.

(Los hechos del asesinato de Stalin fueron documentados de forma concluyente en 2004 por Jonathan Brent y Vladimir Naumov en *El último crimen de Stalin*, confirmando lo que había sido ampliamente y más o menos sutilmente sugerido, incluso pregonado, en publicaciones judías durante más de 50 años). Si Putin sobrevivirá a la embestida sionista es una pregunta cuya respuesta desempeñará un papel importante en la configuración del futuro de Rusia y del mundo, ya que los sionistas no tienen reparos en avivar una nueva "Guerra Fría" entre Estados Unidos y Rusia con el fin de domesticar a Putin y asegurar la supervivencia de la influencia sionista en Rusia.

En última instancia, la lucha contra el poder y la influencia desmesurados de los sionistas y sus consecuencias, a menudo perniciosas, siempre ha formado parte de la historia y, hoy en día, en Estados Unidos, puede resultar ser la cuestión crucial de los próximos años... o al menos debería serlo.

¿Es realmente tan vital para el sistema estadounidense que un puñado de familias multimillonarias controlen el monopolio de los medios de comunicación

¿No estarán Si y Donald Newhouse sujetos a estrictas leyes antimonopolio que les despojarían de su vasta propiedad de periódicos en todo Estados Unidos? ¿No pueden Si y Donald poseer un solo periódico y una sola revista, o tal vez sólo unos pocos

Más de un crítico de los medios de comunicación estadounidenses ha expresado su preocupación por la creciente concentración de la propiedad de los medios, pero hasta ahora sólo un puñado de voces independientes (entre ellas, por cierto, un congresista judío, Bernie Sanders, de Vermont) se han atrevido seriamente a plantear la cuestión.

¿No es hora también de recordar las advertencias del difunto senador populista de Luisiana, Huey P. Long, que pedía una redistribución de la riqueza? Como han señalado analistas como Kevin Phillips y otros, la brecha entre ricos y pobres en este país está aumentando exponencialmente, y la clase media también se está empobreciendo cada vez más. ¿No ha llegado el momento de acabar con las grandes fortunas acumuladas y enfrentarse a quienes FDR llamó "los malhechores de las grandes riquezas"

¿Sufrirán realmente los tres herederos de la gigantesca fortuna de Marte (30.000 millones de dólares) si tienen que renunciar a todo salvo a unos cientos de millones de dólares? La misma pregunta puede hacerse a ciertas fortunas no judías de Estados Unidos.

Imagínense lo que podría hacerse para mejorar Estados Unidos en casa si incluso un puñado de estos monumentales conglomerados de riqueza pudiera redistribuirse aquí en casa para mejorar la vida de todos los estadounidenses.

Ningún niño pasaría hambre. Ningún padre tendría que luchar para enviar a sus hijos a la universidad. Las enfermedades y las adicciones podrían combatirse en una campaña nacional bien financiada y con recursos sin parangón hasta la fecha. Ninguna comunidad volvería a verse privada de una atención sanitaria adecuada. Los ancianos no volverían a comer comida de perro para ahorrar dinero en medicamentos esenciales. Nuestras residencias de ancianos dejarían de ser lugares horribles a los que enviar a nuestros mayores a morir en la miseria. Nuestros puentes, autopistas y ferrocarriles en ruinas podrían ser restaurados.

La lista de lo que podríamos conseguir con una infusión de riqueza arrebatada de las manos de los superricos es interminable. Use su imaginación. Y considere que Estados Unidos, como nación, también podría echar una mano a la gente de todo el mundo.

Por el momento, todo esto no es más que un sueño. De hecho, la élite sionista y sus aliados en las altas esferas de la clase dirigente estadounidense están trabajando asiduamente para asegurar su propio dominio y garantizar que sus fortunas permanezcan intactas. Se están elaborando todo tipo de leyes para suprimir la disidencia popular en Estados Unidos.

La introducción de leyes contra los "delitos de odio" -que no son más que estratagemas diseñadas para contrarrestar las críticas a la influencia judía en la formulación de políticas estadounidenses-, así como las medidas destructoras de la libertad como la Ley Patriota y otras leyes similares, son parte integrante de un programa planificado desde hace tiempo para suprimir la disidencia y establecer un programa de "control del pensamiento" con un único objetivo: garantizar la continua dominación sionista de la experiencia estadounidense.

Aunque hay indicios de que elementos altamente situados en la vida estadounidense -personas dentro de instituciones políticas influyentes como la CIA, el FBI, el Departamento de Estado, la Agencia de Seguridad Nacional y el propio ejército- están cada vez más agitados, temerosos con razón de que la influencia judía sionista en la política estadounidense sea un peligro para Estados Unidos y su lugar en el mundo, el hecho es que el control y/o la influencia sionista sobre el monopolio de los medios de comunicación estadounidenses es una fuerza que desempeña un papel importante en la formación de la psique estadounidense en su conjunto.

Por el momento, por desgracia, parece muy poco probable que el pueblo estadounidense esté a punto de levantarse y elegir a un presidente y un congreso que desafíen el poder sionista y lo que éste representa.

Sin embargo, si suficientes estadounidenses -en suficientes lugares de este vasto país- están dispuestos a levantarse, hablar y apoyar a quienes ocupan puestos de poder, es probable que quienes ocupan altos cargos y tienen serias dudas sobre el poder sionista se sientan más inclinados que nunca a levantarse y hablar a su vez.

En resumen, podemos tener una "revolución desde arriba", porque una revolución desde abajo, en la actualidad, parece muy poco probable. La primera Revolución Americana fue el producto de intelectuales, líderes militares y hombres de negocios descontentos, y la segunda Revolución Americana que se avecina provendrá inevitablemente de las mismas fuentes.

Por eso los estadounidenses de a pie deben permanecer vigilantes. Deben seguir apoyando a las voces independientes en los medios de comunicación libres y, llegado el momento, unirse a quienes, en las altas esferas, tengan por fin el valor de decir: "Estoy enfadadísimo y no voy a aguantar más".

La ola del futuro se dirige rápidamente hacia las costas de Estados Unidos y el mundo entero está observando. Esa ola se estrellará con un estruendo como nunca se ha oído antes en la historia, y al final, cueste lo que cueste, los estadounidenses declararán con franqueza y valentía, en términos inequívocos, que *nuestra nación es la Nueva Jerusalén para todas las personas, no sólo para una élite que se adora a sí misma y reclama su clan*. Cuando eso suceda -y sólo entonces- podremos estar seguros de que Estados Unidos (y el mundo) estarán en el verdadero camino de la salvación, y no en el camino que los que reinan supremamente quieren que tomemos... el camino de la destrucción.

-MICHAEL COLLINS PIPER

"La verdad depende y sólo puede obtenerse mediante una deducción legítima de todos los hechos que son realmente materiales.

-S.T. COLERIDGE Table-Talk, 27 de diciembre de 1831

"La gente dirá lo que quiera de los judíos, que están malditos: prosperan allá donde llegan; pueden obligar al príncipe de su país a prestarles dinero; ninguno mendiga; se mantienen unidos; y en cuanto a odiarlos, ¿por qué se odian tanto los cristianos?".

-JOHN SELDEN Table-Talk, 1689

"Los judíos no tienen sentido de la proporción, ni criterio sobre los asuntos mundiales. Creo que los judíos son muy, muy egoístas. No les importa cuántos estonios, letones, finlandeses, polacos, yugoslavos o griegos sean asesinados o maltratados como desplazados [después de la guerra], siempre y cuando los judíos reciban un trato especial. Y sin embargo, cuando ostentaban el poder -físico, financiero o político- ni Hitler ni Stalin tenían nada que reprocharles en términos de crueldad o maltrato a los que quedaban atrás.

-Diario inédito del Presidente HARRY S. TRUMAN. Entrada del 21 de julio de 1947 (citado en el Washington Post, 11 de julio de 2003)

Bibliografía de fuentes

NOTA: Los volúmenes que aparecen a continuación son las fuentes utilizadas principalmente en la sección de "hechos y cifras" de *La Nueva Jerusalén* y son las que aparecen debidamente señaladas en las notas finales de ese volumen. Debería ser inmediatamente obvio que todas las fuentes son definitivamente de la "corriente dominante".

Los nombres de autores judíos aparecen en negrita.

Aunque se consultaron otros volúmenes durante la redacción de este libro (y se mencionan debidamente en el texto), no se incluyen en esta bibliografía, que está dedicada en gran parte a las fuentes utilizadas para la sección descrita como "los fríos y duros hechos y cifras" sobre el poder sionista en América.

Lenni Brenner. *Jews in America* Today. (Seacaucus, Nueva Jersey: Lyle Stuart, 1986).

Norman F. Cantor. *The Sacred Chain: The History of the Jews (Nueva York: HarperCollins Publishers, 1994).*

Benjamin Ginsberg. *The Fatal Embrace: Jews and the State (Chicago: University of Chicago Press, 1993).*

J. J. Goldberg. *Jewish Power: Inside the American Jewish Establishment.* (Reading, Massachusetts: Addison-Wesley Publishing Company, Inc., 1996).

Joel Kotkin. *Tribes* (Nueva York: Random House, 1993).

Gerald Krefetz. *Jews and Money: The Myths and the Reality* (New Haven y Nueva York: Ticknor and Fields, 1982).

Ferdinand Lundberg. *The Sixty Families of America* (Nueva York: Halcyon House edition, 1939) (Nota: se dice que Lundberg es de origen sueco).

Ferdinand Lundberg. *The Rich and the Super-Rich* (Nueva York: Lyle Stuart, 1968).

Revista *New York*, 29 de enero de 1996. Artículo de Philip Weiss.

Barry Rubin. *Assimilation and Its Discontents*. (Nueva York: Times Books/Random House, 1995).

Edward S. Shapiro. *Time for Healing: American Jewry Since World War II* (Baltimore: Johns Hopkins University Press, 1992).

Steven Silbiger. *The Jewish Phenomenon* (Atlanta, Georgia: The Longstreet Press, 2000).

Charles E. Silberman. *A Certain People* (Nueva York: Summit Books/Simon & Schuster, Inc., 1985).

Geoffrey Wheatcroft. *The Zion Controversy* (Omnia Veritas Ltd, www.omnia-veritas.com. 1996).

"Jewish Appeal - ¿Puede Lieberman salvar la brecha en la recaudación de fondos? Sarah Wildman, en el número del 18 de septiembre de 2000 de *The New Republic*.

PARA RECORDAR: Tras la publicación del primer libro de este autor, *Juicio final*, un crítico afirmó que muchas de mis fuentes y referencias estaban "fuera de contexto" o tergiversadas.

No fue el caso. Otro crítico dijo que "la mayoría" de mis documentos clave procedían de una única fuente. De nuevo, no es cierto.

Sin embargo, el hecho de que los críticos no duden en mentir y difamar a un autor porque no les gusta lo que documenta es una realidad ignominiosa que este autor ha descubierto por sí mismo. Por eso siempre animo a la gente a "mostrarme mis errores" y a "enseñarme en qué me equivoco".

A mí me parece, al menos, que cuando escribes algo que es incluso vagamente crítico con el Estado de Israel o sus partidarios, automáticamente todo lo que escribes es absolutamente erróneo. Al menos eso es lo que afirman mis detractores, en voz alta, repetida e histéricamente.

Dejo a los lectores honrados la tarea de consultar mis fuentes citadas y cotejarlas con mis notas a pie de página y, como ya he dicho, si he sacado algo de contexto o he interpretado algo incorrectamente, que me lo hagan saber. Pero no me llamen mentiroso.

- MCP.

Los medios de comunicación de todo el mundo elogian a Michael Collins Piper, pero los medios controlados estadounidenses lo denigran...

En marzo de 2003, en vísperas de la invasión estadounidense de Irak, Michael Collins Piper, autor de *La nueva Jerusalén*, estuvo en Abu Dhabi, la capital de los Emiratos Árabes Unidos (EAU), como invitado del distinguido Centro Zayed de Coordinación y Seguimiento, el think tank oficial de la Liga de Estados Árabes. La conferencia de Piper, centrada en la parcialidad de los medios de comunicación estadounidenses a favor de Israel, recibió una cobertura muy favorable en la prensa árabe e inglesa de Oriente Medio (véase más arriba). En agosto de 2004, Piper viajó a Kuala Lumpur, la capital de Malasia, donde habló ante numerosos industriales, intelectuales, abogados, periodistas, diplomáticos y otros, y recibió una cobertura similar de los medios de comunicación locales, directa y honesta (abajo). En cambio, Piper ha sido duramente atacado por los principales medios de comunicación estadounidenses en su país. No es de extrañar, ya que Piper -crítico de medios del periódico independiente *American Free Press* (AFP)- es un firme defensor de las medidas para frenar la creciente concentración de la propiedad de los medios de comunicación en manos de un reducido número de familias e intereses financieros.

UNA CARTA DEL AUTOR:

Estimado lector:

En la misma línea que mis libros anteriores -JUICIO FINAL y LOS ALTOS SACERDOTES DE LA GUERRA-, este último volumen, EL NUEVO JERUSALÉN, es un examen crítico del poder sionista en Estados Unidos y sus consecuencias. No es un tema "agradable" de tratar, ¡ni mucho

Si escribiera sobre la influencia financiera de los musulmanes en Estados Unidos, los medios de comunicación se harían eco de mis esfuerzos, me considerarían un genio literario, me entrevistarían en todos los telediarios importantes y mis libros se reseñarían en todos los periódicos del país. Lamentablemente, debido al tema que he decidido abordar, no es así en absoluto.

Por eso es vital que no sólo los estadounidenses de base y los medios de comunicación independientes, sino también personas reflexivas de todas las razas y credos de todo el mundo, difundan ampliamente mi trabajo y el de otros escritores afines, mediante el boca a boca, llamamientos por radio, etc.

Como ya he dicho, mi trabajo se considera "radical" y "controvertido", pero no me disculpo por decir la verdad. Mis detractores dicen que debería y debo ser ignorado, que lo que tengo que decir es absurdo y carece de importancia, pero esos mismos detractores dedican una cantidad desmesurada de tiempo a decir a la gente que no me preste atención y a insultarme. Siento que debo estar haciendo algo bien.

Me parece que ha llegado el momento de establecer un frente mundial unido contra el sionismo. ¿Qué opina

Atentamente

MICHAEL COLLINS PIPER

Otros títulos

Omnia Veritas Ltd presenta:

**HISTORIA PROSCRITA
I
LOS BANQUEROS Y LAS REVOLUCIONES**

POR

VICTORIA FORNER

Los procesos revolucionarios necesitan agentes, organización y, sobre todo, financiación, dinero.

LAS COSAS NO SON A VECES LO QUE APARENTAN...

Omnia Veritas Ltd presenta:

**HISTORIA PROSCRITA
II
LA HISTORIA SILENCIADA DE ENTREGUERRAS**

POR

VICTORIA FORNER

"El verdadero crimen es acabar una guerra con el fin de hacer inevitable la próxima."

EL TRATADO DE VERSALLES FUE "UN DICTADO DE ODIO Y DE LATROCINIO"

Omnia Veritas Ltd presenta:

**HISTORIA PROSCRITA
III
LA II GUERRA MUNDIAL Y LA POSGUERRA**

POR

VICTORIA FORNER

Distintas fuerzas trabajaban para la guerra en los países europeos

MUCHOS AGENTES SERVÍAN INTERESES DE UN PARTIDO BELICISTA TRANSNACIONAL

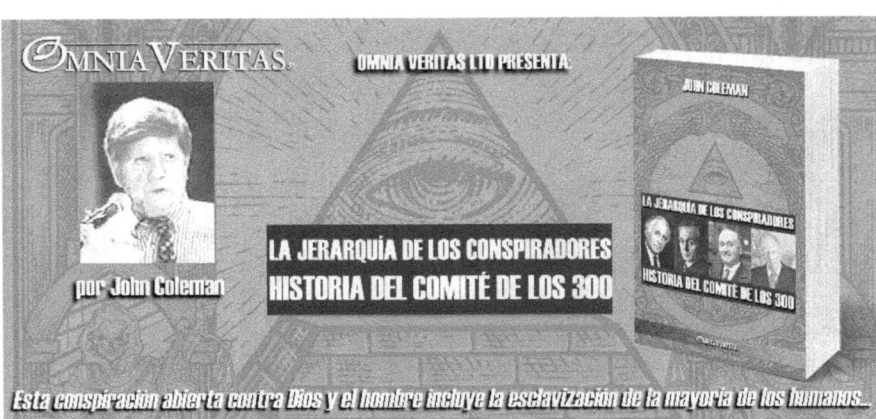

www.ingramcontent.com/pod-product-compliance
Lightning Source LLC
Chambersburg PA
CBHW071229170426
43191CB00032B/1138